*Späte Freundschaft*

CARL ZUCKMAYER / KARL BARTH

*in Briefen*

*Späte Freundschaft*

# CARL ZUCKMAYER
# KARL BARTH

*in Briefen*

Theologischer Verlag Zürich

CIP-Kurztitelaufnahme der Deutschen Bibliothek

*Späte Freundschaft in Briefen* / Carl Zuckmayer; Karl Barth. –
5. Aufl. – Zürich: Theologischer Verlag, 1979.
ISBN 3-290-11386-8
NE: Zuckmayer, Carl [Mitarb.]; Barth, Karl [Mitarb.];
Zuckmayer, Carl: [Sammlung]; Barth, Karl: [Sammlung]



Typographische Anordnung Max Caflisch
Printed in Switzerland

INHALT


Vorwort von Hinrich Stoevesandt 7

Briefwechsel Carl Zuckmayer / Karl Barth 11

Abbildungen *nach Seite* 16

Haus von Carl Zuckmayer in Saas-Fee

Carl Zuckmayer

Karl Barth

Studierzimmer von Karl Barth

Gedicht «Den Vätern ins Stammbuch» [C. Z.] 49

Lebensregeln für ältere Menschen im Verhältnis zu jüngeren [K. B.] 56

Brief von Carl Zuckmayer an Eberhard Busch 77

Bericht von einer späten Freundschaft. In memoriam Karl Barth [C. Z.] 81

Anmerkungen von Hinrich Stoevesandt 92

## VORWORT

Für die Freunde Karl Barths war es eine kleine Sensation, als sie um die Monatswende Mai/Juni 1968 in dem vervielfältigten Dankbrief an die Gratulanten zu seinem 82. Geburtstag – dem letzten, den er erlebte – die folgenden Sätze lasen: «Mir ist im hohen Alter noch eine sehr merkwürdige neue Freundschaft zuteil geworden – mit dem Dichter Carl Zuckmayer nämlich, den ich im vorigen Sommer, knapp bevor ich wieder auf die Nase fiel, in Saas-Fee aufsuchte und mit dem ich dann in eine muntere Korrespondenz geriet. Ganz neulich ist er (anläßlich der Basler Premiere von ‹Des Teufels General›) auch ausgiebig bei mir gewesen, und es schien ihm zwischen meinen starrenden Bücherwänden leidlich wohl zu sein. Er ist ein Mensch. Und er hat viele ganz ernste und viele ganz heitere Möglichkeiten.»

Nicht weniger aufgehorcht haben, darf man annehmen, in einer breiteren Öffentlichkeit alle diejenigen, denen beide Namen etwas sagten, als im Januar 1970, dreizehn Monate nach Karl Barths Tod, Carl Zuckmayer seinen *Bericht von einer späten Freundschaft* veröffentlichte. Die Kunde verbreitete sich wie ein Lauffeuer. Es würde mich nicht überraschen, wenn eine Nachfrage ergäbe, daß jene Nummer der Neuen Zürcher Zeitung, in der der Essay stand, in kurzer Zeit vergriffen war. Ich selber erinnere mich, sofort ein Dutzend Exemplare bestellt und verschenkt und von überallher entzücktes Echo erhalten zu haben.

Am meisten erstaunt und – jedes Wort, das sie darüber geschrieben haben, bezeugt es – beglückt waren aber die beiden Beteiligten selbst über ihre unverhoffte Beziehung, die, kaum angeknüpft, sogleich zu einer Freundschaft von hoher Intensität wurde. Durch die bisherigen Lebenswege und -welten beider schien diese Begegnung keineswegs vorgezeichnet. Sie hatten voneinander nur von ferne, und es hatte jeder von den Werken des anderen nur in einem kleinen Ausschnitt Kenntnis genommen und von der sie überwältigenden Entdeckung einer – bei aller bewußt bleibenden Verschiedenheit – beiderseits empfundenen Geistesverwandtschaft keine Vorahnung gehabt.

Ein persönliches Zusammentreffen war Barth und Zuckmayer in den anderthalb Jahren zwischen ihrem Kennenlernen und dem Tode des Älteren nur zweimal vergönnt. Beide Gespräche drängten nach Fortsetzung, nach einer Ausweitung auf andere Themen, und die mangelnde Gelegenheit zum mündlichen Austausch fand – zu unserem, der später Lebenden, Gewinn – Ersatz in der «munteren Korrespondenz», die Barth so wichtig war, daß er seinen Gratulanten davon berichtete. Proben aus Barths Anteil an diesem Briefwechsel sind durch Zuckmayers Essay der Öffentlichkeit bekannt geworden und haben vielerorts den Wunsch geweckt, die Quelle dieser Zitate im Zusammenhang kennenzulernen.

Was wiederum Barths Anteil betrifft, ist dieser Wunsch zum größten Teil erfüllt worden: 1975 erschien im Theologischen Verlag Zürich, von Jürgen Fangmeier und dem Unterzeichneten herausgegeben, in der Gesamtausgabe von Barths Werken der Band *Briefe 1961–1968*, der mit Ausnahme eines ganzen Briefes und eines Briefabschnitts, die auf Wunsch von Carl Zuckmayer zurückgestellt wurden, die Briefe Barths an Zuckmayer enthält.

Um so mehr erwachte nun das Verlangen nach dem anderen Teil, nach Zuckmayers Briefen an Barth. So entstand, auf Anregung aus Leserkreisen – Frau Susanna Niesel sei hier besonders genannt –, nach dem Tode Carl Zuckmayers der Plan, den Briefwechsel nunmehr als Ganzes zu veröffentlichen. Frau Alice Zuckmayer, der ich für ihr herzliches Entgegenkommen sehr verbunden bin, ging sofort freudig auf diesen Plan ein und gestattete den Abdruck aller Briefe ihres Gatten an Karl Barth im ungekürzten Wortlaut. So können jetzt auch die Äußerungen Barths zu einem unausgeführt gebliebenen literarischen Vorhaben Zuckmayers, die dieser zu seinen Lebzeiten nicht veröffentlicht wissen wollte, in die vorliegende Sammlung aufgenommen werden. Auf einige andere geringfügige Kürzungen, mit denen die Briefe Barths in der Gesamtausgabe gedruckt wurden, wird jetzt im Einverständnis mit seinen Erben verzichtet. Lediglich zwei kurze Abschnitte bleiben mit Rücksicht auf Dritte von der Veröffentlichung ausgenommen. Ein Brief Barths, aus dem Zuckmayer in seinem Essay zitiert – er diente der Verabredung für das erste Treffen –, scheint verschollen zu sein.

Die Sammlung wird ergänzt durch einen nach dem Tode Barths geschriebenen Brief Carl Zuckmayers an Eberhard Busch, der Barths Assistent gewesen war und inzwischen sein Biograph geworden ist. Und sie wird abgeschlossen durch den Wiederabdruck von Zuckmayers Essay. Welchen Rang Zuckmayer seiner Freundschaft mit Barth zuerkannte, hat er noch in seinem letzten Lebensjahr dadurch dokumentiert, daß er den «Bericht» in seine Sammlung *Aufruf zum Leben. Porträts und Zeugnisse aus bewegten Zeiten* (Frankfurt am Main 1976, S. 299–306) aufnahm. Herausgeber und Verlag danken dem S. Fischer Verlag für die freundliche Genehmigung des Wiederabdrucks dieses Stückes sowie des Gedichtes «Den Vätern ins Stammbuch», das Zuckmayer für die Sammlung von Peter Härtling *Die Väter. Berichte und Geschichten* (Frankfurt am Main 1968, S. 40) geschrieben und an Barth geschickt hatte.

Endlich danke ich Frau Erika Heuberger, der langjährigen Sekretärin Carl Zuckmayers – (ihr gehörte notabene *nicht* jene «ordnende Hand», die nach dem Bericht in Zuckmayers Essay um ein Haar dem Zustandekommen der Bekanntschaft im Wege gewesen wäre) –, für die schöne Zusammenarbeit. Ihr Anteil an der Herausgabe dieses Buches ist kaum geringer als der des Unterzeichneten.

Basel, im Mai 1977 Hinrich Stoevesandt

Basel, den 16. Mai 1967

Sehr geehrter Herr Zuckmayer!

Jemand hat mir Ihr Buch «Als wär's ein Stück von mir» geschenkt, und ich habe es in einem Zuge gelesen. Und nun muß ich Ihnen sagen, wie groß und tief die Teilnahme ist, in der ich Ihren darin beschriebenen, so reichen und bewegten Lebensweg begleitet habe. Ich genoß zunächst einfach Ihre Sprache. Mich freuten sodann Ihre Schilderungen von Land und Leuten diesseits und jenseits des Atlantik, Ihre Schattenrisse von den Ihnen zu Nahen und Nächsten gewordenen Persönlichkeiten, Ihre Eindrücke und Stellungnahmen in den vielen im engeren oder weiteren Sinn geschichtlichen Situationen, in die Sie jeweils hineingegangen, durch die Sie – immer als Derselbe – hindurchgegangen, aus denen Sie dann auch wieder unversehrt, aber jedesmal gewachsen und in neuer Tatenlust wieder hinausgegangen sind. Richtig erbaut hat mich Ihre Gesinnung und Haltung in all diesen hellen oder auch dunklen Übergängen. Und zuletzt ergötzte mich auch das, daß Sie endlich und zuletzt (nachdem man es Ihnen einst in Zürich für uns so beschämend schlecht gemacht) Ehrenbürger von Saas-Fee und so mein Mit-Eidgenosse geworden sind! Was ich Ihnen da schreibe, soll Ihnen nur andeuten, daß ich Ihnen dankbar bin und Sie aus der Ferne in Ihrer Menschlichkeit einfach gern habe.

Aus der Ferne! Sie kennen mich nicht und haben meinen Namen vielleicht nur gelegentlich gehört und dann wieder vergessen. Sie sind zehn Jahre jünger als ich. Wir sind also immerhin Zeit- und Generationsgenossen. Die Zeit vor dem großen Sündenfall steht auch mir noch sehr deutlich vor Augen. Der 1. und der 2. Weltkrieg samt dem dazwischenliegenden Interim bedeuteten tiefe Einschnitte auch in meinem Leben. Sie und ich existierten und existieren aber in sehr verschiedenen Räumen. Ich bin noch sehr viel mehr als Sie ein Kind des 19. Jahrhunderts, und die moderne Welt der «Schönen Literatur», des Theaters, des Films, auch die der – wie soll ich's sagen? – Edel-Bohème hat mich zwar berührt, aber nie aus der Nähe erfaßt und bewegt. So sind mir auch Viele, ja die Meisten von denen, die Ihnen ein Stück von Ihnen selbst geworden sind, kaum ein Begriff oder gar nicht. Und ich muß Ihnen zu meiner Schande gestehen, daß ich von Ihnen vorher nur «Des Teufels General» gelesen und einmal gesehen habe. Ich bin evangelischer Theologe, zuerst 12 Jahre Pfarrer in Genf und im Kanton Aargau, nachher 15 Jahre Professor in Göttingen, Münster i. W. und Bonn, wo ich wegen Verweigerung des Beamteneides auf Hitler 1935 unbrauchbar wurde, seither bis 1962 hier in Basel, und habe viele dicke und dünne theologische Bücher praktischen, historischen und vor allem – erschrecken Sie nicht zu sehr! – dogmatischen Inhalts geschrieben. Jetzt lebe ich in einem nach Umständen friedlichen und auch noch etwas geschäftigen Ruhestand. Liebliche Frauengestalten, auch einen guten Tropfen und eine dauernd in Brand befindliche Pfeife weiß ich immerhin noch bis auf diesen Tag zu schätzen. Die Schönheiten des Oberwallis sind mir übrigens auch nicht unbekannt. Dies alles nur zur Orientierung, mit wem Sie es zu tun haben und dem es ein Vergnügen ist, an Sie zu denken.

Mit allen guten Wünschen und Grüßen

Ihr Karl Barth

Darf ich mir erlauben, Ihnen zwei kleine Proben meiner Schriftstellerei beizulegen? Das eine dieser Hefte, erst kürzlich erschienen, ist auf meinem Hauptweg, das andere aus dem Jahr 1956 auf einem mir besonders wichtigen unter meinen Nebenwegen entstanden.[1]

Saas-Fee, 10. Juli 1967

Hochverehrter Herr Professor Karl Barth!

Nach einer langen Abwesenheit – zuerst einer Italienreise, die auch mich nach Rom führte, dann einem Spitalsaufenthalt, um die Folgen einer bei einem Unfall erlittenen Gehirnerschütterung auszuheilen – kam ich erst Ende Juni wieder nach Hause und fand zu meiner frohen Überraschung Ihren Brief und das Geschenk Ihrer beiden Schriften. Ich sage Ihnen aufrichtig, daß kaum ein anderer Brief unter den vielen, die ich seit dem Erscheinen meiner Erinnerungen erhalten habe, mich so beglückt hat wie der Ihre. Es kommt mir ganz wunderbar vor, daß gerade Sie, der Sie in so ganz anderen Denk-Regionen zu Hause sind, von meiner Lebenserzählung sich angesprochen fühlen. Glaubten Sie wirklich, daß ich «Ihren Namen vielleicht nur gelegentlich gehört und dann wieder vergessen» habe? Da Sie ein Mann sind, der nur schreibt oder ausspricht, was er meint, so müssen Sie das wohl, in einer kaum faßlichen Bescheidenheit, gedacht haben. Es wäre eine Schande für einen Schriftsteller meiner Art, Sie nicht zu kennen und zu verehren. Seit langer Zeit ist Ihr Werk, Ihr Wirken und Ihre Haltung für mich, so weit ich davon gelesen und erfahren habe, von besonderer Bedeutung. Gewiß, ich habe Ihre «Kirchliche Dogmatik» nicht gelesen und bin theologisch ungebildet. Aber ich gehöre zu denen, für die Gott NICHT tot ist, und das Christentum, wenn richtig erfaßt und gelebt, immer noch die Heilslehre. Und Sie gehören zu denen, zu den Wenigen, die den Christen in unserer Zeit nicht erlauben, in Pension zu gehen und sich auf dem Erbe der Väter zur Ruhe zu setzen. Zu den wenigen Pfeilern, die – über die Jahrhunderte verteilt – die ‹Freiheit des Christenmenschen›, die ja vor allem eine Verpflichtung ist, wie ein Himmelsdach über uns tragen. Für meine Generation, die erleben mußte, wie die Kirchen beider Konfessionen in zwei Weltkriegen auf beiden Seiten die Waffen segneten, war es nicht leicht, den Glauben zu bewahren. Sie haben uns, den Katholischen wie den Evangelischen, gleichermaßen geholfen.

Die beiden Büchlein, die Sie so gütig waren mir zu schenken, habe ich – um Sie zu zitieren – «mit der Spannung gelesen, mit der ich in früheren Jahrzehnten Kriminalromane las»[2] (und auch heut noch manchmal lese). Dieser Brief in Sachen Mariologie hat mich besonders gefesselt. Für mich war es – von historischen und theologischen Aspekten unbeeinflußt – immer ein, ich möchte sagen, festlicher, freudiger Gedanke, daß die ancilla Domini zur regina Coeli erhoben wurde. Ich habe eben gern außer der hl. Dreifaltigkeit noch eine Himmelskönigin da droben, auch wenn dies vielleicht mehr ein heidnischer Vergottungswunsch als eine christliche Vorstellung sein mag. Aber er ist mir von der Kindheit geblieben, und ich kann ihn nicht missen.

Mit der neuen Liturgie kann ich mich als ehemaliger Mainzer Meßbub, der die lateinische Praefation auswendig konnte, schwer befreunden, doch glaube ich, man hat hier in unserer Gemeinde, wie Sie es ja auch in einem Oberwalliser Dorf erlebt haben[3], eine ganz gute Kombination gefunden. Das Gloria, Sursum Corda und Gratias agamus, auch das Paternoster, werden immer noch im Hochamt lateinisch gesungen, womit das Universale gewahrt bleibt.

Ganz wunderbar schön ist Ihre Mozart-Schrift, diese kleine, unendlich gehaltvolle Symphonie in vier Sätzen. Und wie recht haben Sie, daß dieses Wunderkind und ‹Wunder› niemals ein Kind sein durfte und vielleicht gerade dadurch zu jener Freiheit, der «großen freien Sachlichkeit» gelangt ist, von der Sie schreiben.

Ich danke Ihnen für Ihren Brief und Ihre Schriften von ganzem Herzen. Gott sei gedankt, daß er Ihnen in Ihrem hohen Alter noch die ‹Freudigkeit› zur kämpferischen Frage, zum produktiven Wort und, nach sicherlich schweren Leiden, zur Lebensliebe verliehen hat. Möge Ihnen die glühende Pfeife noch lange nicht ausgehen! So grüße ich Sie mit all meinen guten Wünschen und Gedanken aus der ‹Ferne› des Oberwallis, aus der Nähe eines gemeinsamen Bürgertums, das mir erst spät und nach mancherlei Irrfahrten zuteil geworden ist.

In herzlicher Verehrung

Ihr Carl Zuckmayer

12.7.67

So sieht das Haus in Saas-Fee aus[4] – etwa 15 Minuten außerhalb des Ortes, in nördlicher Richtung, und vom Touristenstrom, der sich besonders im Winter zu den südlich gelegenen Sesselbahnen bewegt, kaum berührt.

Geschrieben wird unterm Giebel, oder unterwegs in den Lärchen- und Föhrenwäldern.

In herzlicher Ergebenheit

Ihr Carl Zuckmayer

Basel, den 15.8.1967

Lieber Herr Zuckmayer!

Sie haben seit dem schönen 28. Juli, den ich mit den Meinigen in Ihrem Hause erleben durfte, gar nichts Direktes von mir gehört. Jener Tag war der Höhepunkt meines (vielleicht letzten) Aufenthaltes in den Walliser Bergen. Und der Höhepunkt dieses Höhepunktes war zweifellos das Gespräch, das ich unter vier Augen mit Ihnen führen durfte. Noch selten hat mir eine persönliche Begegnung so wohlgetan wie die so ganz unerwartet zustande gekommene mit Ihnen. Den guten Tropfen vom Rhein, den Sie mir als Gastgeschenk mit auf den Weg gaben, hebe ich mir für irgendeinen ganz feierlich-fröhlichen Anlaß auf.

Dank für Alles, besonders aber für Ihre mir bisher weithin noch unbekannten Schriften, unter denen mir wiederum der Band mit den Erzählungen den tiefsten Eindruck gemacht hat! Ich wüßte tatsächlich nicht, welchem von diesen unter sich so verschiedenen, aber wunderbar zusammenklingenden Schriftstücken ich den

*Haus von Carl Zuckmayer in Saas-Fee*

*Carl Zuckmayer (Photo Sven Simon, Bonn)*

*Karl Barth (Photo W. Ernst Böhm, Ludwigshafen)*

*Studierzimmer von Karl Barth (Photo Peter Heman, Basel)*

Preis zusprechen sollte. Sie haben mich einfach alle, jedes in seiner Art, tief bewegt und zwar – wenn ich mich selbst und Sie als Autor recht verstehe – alle gerade in dem, was Sie – wir haben ja in Saas-Fee besonders darüber gesprochen – von Friedrich Dürrenmatt unterscheidet und ihm gegenüber auszeichnet: in der nirgends versagenden Barmherzigkeit, in der die menschliche Dunkelheit, Verkehrtheit und Misere zu sehen Ihnen auf der ganzen Linie gegeben ist. Mephistopheles ist abwesend. Die Alle und Alles unaufdringlich, aber unübersehbar umgebende Güte Gottes regiert und charakterisiert bei Ihnen auch die trivialsten, bizarrsten, ja tollsten Szenen und Situationen. Und mit das Beste ist, daß Sie es offenbar kaum selbst bemerken, wie sehr Sie in Ihrer, wie man sagt, rein «weltlichen» Schriftstellerei faktisch ein priesterliches Amt ausgeübt haben und noch ausüben: in einem Ausmaß, wie das unter den berufsmäßigen Priestern, Predigern, Theologen usw. katholischer oder evangelischer Konfession wohl nur von wenigen gesagt werden kann. Über Ihre dichterische Kunst als solche will ich nichts sagen, weil ich mich dazu nicht kompetent fühle. Aber als Laie auf diesem Gebiet darf ich Ihnen doch, ohne Ihnen etwas Angenehmes sagen zu wollen, gestehen, daß ich Sie – von dem Inhalt Ihrer Aussage her gesehen – auch in großer Freude für einen Dichter ersten Ranges halte.

Da wir in unserer Unterhaltung in Saas-Fee auch auf die Frage der Prädestination zu reden kamen, habe ich mir inzwischen erlaubt, Ihnen durch meinen Verleger einen der vielen Bände meiner Dogmatik zusenden zu lassen, in welchem ich mich gerade mit dieser Sache eingehend befaßt habe.[5] Mich könnte es wohl wundern, ob Sie mit diesem Specimen evangelisch-theologischer Gelehrsamkeit irgend etwas anzufangen wissen. Wenn das nicht der Fall sein sollte, nehme ich es Ihnen wirklich nicht übel. Um Ihnen den Zugang vielleicht etwas zu erleichtern, habe ich ein Bändchen meiner in der hiesigen Strafanstalt gehaltenen Predigten[6] beilegen lassen, in denen Ihnen möglicherweise anschaulich werden kann, wie ich es versucht habe, dieselbe Aussage, die in dem großen, dicken Buch gemacht ist, an den Mann – den in diesem Fall übrigens gar nicht so einfachen Mann – zu bringen, und vor allem, mit diesem Mann zu beten.

[...]

Nebenbei erzählt: Mein Walliser Aufenthalt wurde dann durch eine unerwartete neue Virulenz meiner Krankheit in den unteren Regionen jäh unterbrochen, so daß ich in einem Sanitätsauto in eiliger nächtlicher Fahrt aus dem Val d'Hérens in das Basler Bürgerspital transloziert und dort nach allen Regeln der Kunst behandelt werden mußte. Nun bin ich wieder zuhause und – etwas ramponiert freilich – auf den Beinen bzw. an meinem Schreibtisch. Daher mein langes Schweigen.

Ich grüße Sie als einen spät, aber umso dankbarer entdeckten Freund oder etwas jüngeren Bruder. Bitte, geben Sie meine Grüße und meinen Dank weiter auch an alle die Ihrigen – unter ihnen besonders auch an Ihre Frau. Wie lieb und festlich haben Sie alle unsere kleine Reisegruppe an jenem Julitag aufgenommen.

In aufrichtiger Zuwendung Ihr Karl Barth

Saas-Fee, Sonntag, 20. 8. 1967

Lieber, verehrter Herr Karl Barth!

Längst wollte ich Ihnen schreiben, denn es ist an mir, mich für das Geschenk Ihres Besuchs in unserem Haus zu bedanken, der für mich ein ganz wunderbares Ereignis war. Doch ich wußte nicht genau, ob Sie nun wieder zu Hause sind, – erfuhr nur durch ein Telefongespräch meiner Tochter mit Ihrem Sohn, daß es Ihnen nicht gut gegangen war. Ich machte mir schon Sorgen, ob vielleicht die Anstrengung Ihres Ausflugs hierher daran schuld gewesen sei. Desto mehr beruhigt es mich, zu wissen, daß Sie wieder an Ihrem Schreibtisch sind, und wie ich hoffe bei einigermaßen gleichmäßiger Gesundheit!

Dieser Brief, und die Sendung der beiden Bücher (Dogmatik II/2 und die Predigten «Den Gefangenen Befreiung»), ich weiß nicht, wie ich Ihnen danken soll. Das alles, Ihre Zuwendung zu mir und Ihre, ich darf wohl so sagen, brüderliche und väterliche Freundschaft, ist für mich wahrhaftig ein Himmelsstrahl, eine ganz unverhoffte, unerwartete und wohl kaum verdiente Gnade, wie sie uns das Leben selten beschert. Nie hätte ich zu denken oder hoffen gewagt, daß meine Arbeiten, die oft mit einem gewissen Leichtsinn, oder wenigstens mit leichtem Sinn, geschrieben worden sind, zu einem Mann wie Sie sprechen könnten. Und Sie haben ganz recht, ich habe, wenn das so ist, es selbst kaum bemerkt, daß in der mir einfach ‹natürlichen› Art von Welt- und Schöpfer-Liebe (oder Barmherzigkeit, die ich für die selbstverständliche Empfindung und Aufgabe des Dichters halte) eine Art von priesterlicher Wirksamkeit enthalten ist. «Mephistopheles ist abwesend», schreiben Sie. Gerade das wird mir von anderen, besonders den ‹berufsmäßigen› Beurteilern, oft als Mangel vorgeworfen. Auch Freunde haben mich deswegen getadelt. Du hast, sagte mir eine sehr liebe, inzwischen verstorbene Freundin, nie einen bösen Menschen dargestellt, mit dem man nicht auch noch Mitleid haben könnte (den schlimmen Nazi im «Teufels General» sah sie, wohl mit Recht, garnicht als Menschen an, sondern als Funktionär, Funktion des Bösen), – und der Kampf gegen das Böse, durch seine Fixierung und Anprangerung, ist doch, gerade in unserer Zeit, die Pflicht des Schriftstellers. Die Darstellung einer angeblich ‹heilen Welt› sei eine Verfälschung, da es sie nicht gibt. Ich antwortete ihr damals: «Wer kann beweisen, daß es Erlösung gibt? Aber wir müssen und dürfen sie erhoffen, glauben und lieben.» Ich halte den Ausdruck der Güte für eine stärkere Waffe im Kampf gegen ‹das Böse›, Malum, als dessen Abschilderung, die ja niemals eine totale Absage ist, sondern von den Autoren häufig mit einer gewissen Lust, sogar Schwelgerei, vorgenommen wird. Um den bösen Dämon wissen, aber den guten an- und herbeirufen, scheint mir des Versuches wert. Ihre Worte, und die Begegnung mit Ihnen, bestärken mich darin.

Nun lassen Sie mich Ihnen noch besonders danken für das Vertrauen, das Sie mir, den Sie kaum kennen, in unserem für mich beglückenden Gespräch geschenkt haben. Ich glaube, ein Mann ist von allen guten Geistern des Lebens besucht und gesegnet, solang er noch, auch im ‹irdischen Sinne›, lieben kann. Aber vielleicht ist es nicht möglich, ‹Menschen zu fischen›[7], denen man mehr Zärtlichkeit als Strenge entgegenbringt. Wenn Mitleid bleibt, so ist es Gebet.

Seien Sie, auch von den Meinen, von Herzen gegrüßt, mit allen guten Wünschen für Ihr Wohlergehen! So bald wie möglich werde ich es einrichten, eine Reise über Basel zu lenken, um Sie besuchen zu können, und ich hoffe, auch wenn Ihre Gesundheit labil ist, daß Ihnen diese ungebrochene geistige Frische und Lebendigkeit, die aus Ihren wachen und starken Augen funkelt, immer erhalten bleibt!

Seien Sie in dankbarer und aufrichtiger Freundschaft gegrüßt

von Ihrem herzlich ergebenen Carl Zuckmayer

Ich komme gerade aus einer Messe und begehe den Sonntag durch die Lektüre Ihrer Predigten und Gebete für die Gefangenen. Für den Band der «Dogmatik», in dem das Problem der Prädestination behandelt wird, werde ich mir in Ruhe Zeit nehmen, die Sommerwochen waren dafür zu bewegt, aber ich hoffe auf den Herbst, wenn hier Stille eintritt. Nochmals Dank!

Bitte grüßen Sie Ihre liebe, verehrte Frau, auch Ihren Sohn und Ihre pfeifchenrauchende Schwiegertochter, herzlich von uns allen.

Basel, den 12. September 1967

Lieber Freund Zuckmayer!

Am vergangenen Sonntag hörten wir, wenigstens stellenweise, Ihre «Katharina Knie» am Radio. Ob Sie selbst mit der Darbietung zufrieden waren? Mein zweiter Sohn, den Sie noch nicht kennen, der in einem Monat als Professor für Altes Testament nach Mainz übersiedeln wird, war auch von der Partie: nicht wenig interessiert auch an dem rheinischen Platt, in das er und seine Frau, eine Genferin, und seine noch jungen Kinder, die zuerst Indonesisch, dann Französisch, dann Schweizerdeutsch zu lernen hatten, sich nun auch werden einhören müssen.

Mich regte diese Ihre bewegte und bewegende «Katharina» dazu an, Ihnen auf Ihren Brief vom 20. August zu antworten. Wir alten Lebenskämpfer (und doch gelegentlich auch Lebensgenießer) wollen die uns zugefallene Begegnung doch ja nicht einschlafen lassen, solange wir hier und dort «nur dem sinkenden Gestirn gesellt» auf dem Abendfeld wandern dürfen.[8]

Ihre «Meisterdramen» haben nicht weniger lebendig – und mit demselben Eindruck einer tiefsten Gemeinschaft im Ersten, Letzten und Höchsten – zu mir gesprochen als Ihre «Meistererzählungen». Am wenigsten Zugang habe ich bis jetzt zu Ihren Gedichten gefunden. Aber das muß ganz an mir liegen, weil mir das so direkte, zugleich exakte und intime Verhältnis zu Tieren und Pflanzen, Erde, Luft und Himmel nie auch nur entfernt so eigen war wie das, das Ihnen – wie es ja auch in Ihren anderen Werken sichtbar genug ist – gegeben ist – vielleicht auch umfassender: weil in mir die lyrische Dimension, die zweifellos auch zur Fülle der Dichtung nicht nur, sondern der Humanität in ihrer Ganzheit gehört, sehr viel schwächer als in Ihnen zur Auswirkung gekommen ist.

Darf ich dazu – in Wiederaufnahme unserer ersten persönlichen Unterhaltung und vielleicht zur Vorbereitung von deren zu erhoffenden Fortsetzungen – eine Frage aufwerfen, die mich damals leise beunruhigt hat. Sie deuteten damals hin auf eine Ihnen gegebene Möglichkeit, Gott auch angesichts, ja in Gestalt der Rinde eines (ich weiß nicht mehr, welches) alpinen Baumes anzubeten. Sie wissen, daß Goethe einmal etwas Ähnliches im Blick auf die Sonne gesagt hat.[9] Ich bin Ihnen gegenüber – anders, als wenn ich es mit Theologen zu tun habe! – willig und bereit, Ihnen Alles und Jedes vorzugeben und zum Besten auszulegen. Nun habe ich Ihnen aber das letzte Mal geschrieben, daß ich Ihr literarisches Wirken als ein solches in *priesterlichem* Dienst verstehe. Und Sie haben diesem Verständnis etwas überrascht, aber deutlich zugestimmt. Gott in jener Baumrinde – gut, ich gehe auch mit. Aber Gott in jener Baumrinde ist Gott der Schöpfer (ich habe ihn als solchen in nicht weniger als vier Teilbänden meiner Dogmatik in meiner Weise zu verstehen und zu loben versucht[10], mit denen ich aber weder Ihre Bücherborde noch gar Sie selbst zu belasten gedenke!). Im *priesterlichen* Dienst aber handelt es sich um Gott den *Versöhner* der von ihm abgefallenen, ja gegen ihn streitenden Schöpfung, der mit Jenem gewiß Einer und Derselbe, aber nun eben doch der in Jesus Christus allein wahrhafte, handelnde und redende Gott ist. Ihm und ihm als solchem allein gebührt also *Anbetung:* ihm in seinem lebendigen, durch die Heilige Schrift bezeugten Wort bzw. für Sie als Katholik: ihm speziell in seiner Gegenwart im eucharistischen Opfer – Gott in der

Baumrinde doch wohl nur inklusive, indirekt, mittelbar. Und übersehen Sie auch das nicht, daß der priesterliche Dienst, gleichviel ob er von einer Amtsperson oder von einem sogen. «Laien» (ich liebe das Wort und die ganze Unterscheidung nicht) ausgeübt wird, auch nach den Feststellungen des Zweiten Vatikanum eine analogische Teilnahme am priesterlichen Amt Jesu Christi ist, das von seinem königlichen und prophetischen Amt nicht zu trennen ist: Implikationen, von denen her eine Anbetung Gottes in der Baumrinde erst recht problematisch erscheint, auch vom «Laien», auch wenn dieser wie Sie ein Dichter ist, jedenfalls nur in größter Umsicht und Vorsicht zur Sprache zu bringen sein dürfte.

Sie bemerken: der Theologe in mir hat in diesem Exkurs sein Hörnlein gezeigt. Er mußte es der Ehrlichkeit halber tun und bittet den Dichter um Verzeihung, aber auch um Verständnis und vielleicht um sein Nachdenken.

Etwas Anderes: Ihnen ist gewiß der vor nicht zu langer Zeit nach schwerer Krankheit verstorbene Schauspieler *Ginsberg* ein Begriff, vielleicht auch – seine Wege im Berlin der zwanziger Jahre müssen sich mit den Ihrigen ziemlich sicher gekreuzt haben – ein persönlich Bekannter gewesen. In Ihrer Lebensgeschichte taucht er, soweit ich mich erinnere – oder sollte ich etwas überlesen haben? – nicht auf. Er seinerseits erwähnt Sie in dem von Elisabeth Brock-Sulzer herausgegebenen Buch «Abschied» nur einmal: ein bißchen mißfällig im Blick auf ein mir nicht bekanntes Theaterstück von Ihnen, das er als «nicht Ihr stärkstes» beurteilt.[11] Mir ist er als Mensch (ich bin in Zürich 1945 einmal mit ihm zusammen gewesen) und nun in seinen Liebesgedichten und noch mehr in denen aus seiner schweren Krankheitszeit tief eindrücklich geworden. Was dachten und denken Sie wohl von ihm?

Noch einmal etwas ganz Anderes: Was denken Sie von dem doppelten Superlativ, den Goethe in der Marienbader Elegie im Gedanken an seine für ihn verlorene Ulrike gebraucht hat: «die Lieblichste der Lieblichsten»? Sie wissen ja, in welchem Zusammenhang ich auf diese Frage komme.

Mein Gesundheitszustand war in den letzten Tagen nicht eben glänzend, und an den entsprechenden physischen und psychischen Depressionen und Elevationen hat es auch nicht gefehlt. Meine Frau und mein Hausarzt und Freund – übrigens auch ein Katholik – tun ihr Möglichstes und Bestes zu meiner Erhaltung und Erheiterung. Ich hoffe übrigens, daß Sie sich inzwischen von den Folgen des von Ihnen erlittenen Unfalls in angemessener Weise erholt haben.

Darf ich Sie zum Schluß noch mit einem Auftrag belasten: dem nämlich, Ihrem Herrn Schwiegersohn, Herrn Guttenbrunner, meinen angelegentlichsten Dank zu bestellen für die Mühe, die er sich mit der Übermittlung der unter seinen Händen wunderbar aufs Doppelte angewachsenen Flasche rheinischen Edelweins gemacht hat. Meine Frau hat das vorlaufend in einem kleinen Schreiben an Frau G. bereits getan. Herrn G. aber habe ich noch im besonderen zu danken für den schönen Brief, den er mir am 16. August geschrieben hat. In der Großaufnahme meiner Person und des angeblich von mir ausgehenden Geisteslichtes, in der er mich sieht und darstellt, kann ich mich freilich kaum wiedererkennen. Aber er hat es offenbar gut gemeint, und so möchte ich denn auch ihn freundlich gegrüßt haben und werde mich freuen, auch ihn gelegentlich wieder zu sehen.

Die Meinigen grüßen Sie mit mir. In der Empfehlung Ihrer Bücher im engeren und weiteren Kreis meiner Familie und Bekanntschaften werde ich nicht müde.

So aufrichtig der Ihrige Karl Barth

Saas-Fee, 9. Oktober 1967

Lieber, verehrter Freund –

ich wage diese Anrede, durch die Ihre in Ihrem schönen Brief vom 12. September ermutigt, für den ich Ihnen längst schon habe danken wollen. Doch waren wir mehrere Wochen verreist, teils aus lästigen, teils aus erfreulichen Anlässen: die erfreulichen ein paar Konzerte in Luzern, und später die Verleihung des Pour le Mérite in der deutschen Botschaft in Bern – die lästigen: eine Zahn- und Kieferbehandlung, wegen einer Eiterung im Oberkiefer, die mich fast drei Wochen ziemlich lahmlegte. In dieser Zeit erfreute mich Ihr Brief. Diese Radio-Aufnahme der alten «Katharina Knie» ist vor vielen Jahren entstanden, für mich war sie ergreifend durch die Stimme des von mir hoch verehrten Schauspielers Albert Bassermann, der auch im Jahr 1928 die Uraufführung gespielt hatte: die Wiedergabe fürs Radio Basel war eine der letzten Arbeiten seines Lebens. Er war eine der lautersten und nobelsten

Persönlichkeiten, die je auf einer Bühne gestanden haben. Eigentlich hätte ich jetzt zu seinem 100. Geburtstag im Mannheimer Nationaltheater über ihn sprechen sollen, aber jene Kiefergeschichte hat mich daran verhindert.

Daß Sie zu meinen Gedichten weniger Zugang haben als zu meinen Dramen und meiner Prosa, kann ich sehr gut verstehen. Es handelt sich ja hier nicht um ‹reine Lyrik›, die versucht, diese besondere poetische Kunstform weiterzubauen oder mit neuen Inhalten zu erfüllen, sondern eher um ‹Gelegenheitsgedichte› (als die übrigens Goethe einen Teil seiner Lyrik, und nicht den schlechtesten, kennzeichnete) – jugendlicher Emotion entsprungen, die sich häufig in eine Art von Naturverfallenheit auswächst. Und damit sind wir gleich bei der Theologie. Natürlich haben Sie völlig recht, und ich stimme Ihnen ohne Einschränkung zu, daß die Bewunderung der Gottesmacht, wie sie die kraftvolle Rinde und der Wuchs eines alpinen Lärchenbaums (von diesem war die Rede) im Betrachtenden erregen kann, niemals, auch nicht vom Dichter, mit *Anbetung* gleichzusetzen ist. Sie kann, wie jeder dieser leuchtenden Oktobertage, die wir jetzt hier erleben, Ehrfurcht, dankbare Frömmigkeit, in uns erwecken, das heißt: zum Gebet anregen, oder sogar zwingen, das Empfinden der Weltliebe zur Gottesliebe steigern, die sich im Gebet äußert, die Anbetung jedoch gilt nur Dem, der – wie Sie es sagen – der in Jesus Christus allein wahrhafte, handelnde und redende Gott ist. Ja, in meiner Jugend neigte ich zu einer Art von pantheistischem Animismus, das war aber im Grund eine poetische Schwärmerei, ein gesteigertes Lebensgefühl – «Gefühl ist alles» – und hatte nichts mit Religiosität zu tun, oder eben nur in der ‹Stimmung›. Erst später, im Zug der Lebensschicksale, aber auch ernsthaften Denkens, habe ich zur Verehrung Gottes in seiner reinen Gestalt zurückgefunden, wie er sich uns im eucharistischen Opfer offenbart. Die Lärchenrinde bleibt ein Teil jener Schönheit, die uns irdisch ergreift und in der sich seine Liebe und Gnade dartut – nicht mehr.

Sie fragen nach Ernst Ginsberg, – ich habe ihn gut gekannt und ihn hoch geschätzt, als Künstler und als Persönlichkeit. Daß er, wie viele, die erwähnenswert gewesen wären, in meinem Erinnerungsbuch nicht vorkommt, hat nur damit zu tun, daß er in meinem eigentlichen Lebensweg keine besondere Rolle gespielt hat. Ich mußte ja ‹aussparen›, und habe nur von dem erzählt, was Marksteine gesetzt hat. Ich habe Ginsberg, nach der Zeit bei Reinhardt in Berlin, selten gesehen, und seine Reife, auch seine schwere Erkrankung, fiel in eine Zeit, von der ich in dem Buch nicht mehr berichte. Amüsant ist dabei folgendes: die Anekdote, die er von mir und Brecht erzählt, hat sich nie ereignet. Ich habe dieses Stück, den «Schelm von Bergen», von dem er da spricht, nie in Zürich gesehen, war auch nicht auf der Generalprobe, also auch nicht mit Brecht gemeinsam. Mag sein, daß Brecht allein da war und eine solche ironische Bemerkung zu einem anderen gemacht hat, aber ich war nicht dabei: Ginsberg hat mich da irgendwie dazu gedacht, sicher guten Glaubens, es gibt ja solche Täuschungen im Erinnerungsbild, – ich habe versucht, in meiner eignen Niederschrift mich möglichst davor zu hüten.

Für Goethes doppelten Superlativ sehe ich nur eine Deutung – ohne zu wissen, ob sie stichhaltig ist: «die Lieblichste der Lieblichsten» ist eine Gestalt seiner Vorstellung, die es in der Wirklichkeit gar nicht gibt, also fast eine Traumgestalt, von einer Vollkommenheit, wie sie nur Kunstgebilden eignen mag, oder Visionen, und die eine erreichbare, eine mit den Augen der Realität gesehene, eine nicht ‹verlorene› Geliebte oder nur ‹Liebliche› nicht besitzen kann, er stellt sie sich vor ohne jene kleinen Fehler (auch in der äußeren Gestalt) und Schwächen, die Menschen erst menschlich machen, und findet eine Art von Glück oder Tröstung, indem er sie ins mehr als Menschliche, ins Über-Mögliche, durch die beiden Superlative entrückt. Ist das eine annehmbare Erklärung? Ich weiß es nicht. Aber ich könnte es mir so denken.

Eben kam Ihr Aufsatz in der «Basler Nationalzeitung» über das Jesuiten- und Klösterverbot[12], ein Wort von hoher Gerechtigkeit (Sie werden es in Ihrer Bescheidenheit als selbstverständlich bezeichnen) – aber ob es befolgt wird? Gesetzesmühlen mahlen langsam – dabei muß es jedem vernünftigen Menschen einleuchten, daß die Zeit des «Pater Filuzius»[13] längst vorbei ist und eine ‹Gefahr› von dieser Seite nicht droht. Es gibt andere Gefahren, über die ich derzeit viel nachdenke, da ich im November in Heidelberg einen Vortrag an die studentische Jugend halten muß.[14] Doch davon ein andermal.

Für heut nur noch meine allerbesten und aufrichtigsten Wünsche für Ihre Gesundheit und Ihr Wohlergehen, und respektvolle Empfehlungen an Ihre Frau.

Auch die meine läßt herzlich grüßen, und Herrn Guttenbrunner, der jetzt mit Weib und Kind in Wien ist, werde ich Ihre freundlichen Grüße bestellen.

Stets Ihr Carl Zuckmayer

Basel, den 1.11.1967

Lieber Freund!

Schon die Tatsache, daß wir neulich eine der mir von Ihnen geschenkten Flaschen ehrfurchtsvoll und genußreich im kleinen Kreis geleert haben, mahnt mich daran, auf Ihren so guten und aufschlußreichen Brief vom 9.10. zu antworten. Eure rheinischen Weißweine haben es wirklich in besonderer Weise in sich. Neben ihnen machte und macht mir der französische Haut-Sauternes immer Eindruck, und in früheren Jahren habe ich auch den so angenehm prickelnden Neuenburger Weißwein nicht wenig geliebt. Jetzt halte ich mich auf diesem Feld besonders gern an die Walliser Johannisberger und Fendant und an gewisse Sorten aus dem Waadtland, die freilich doch nicht ganz auf der Höhe jener beiden zuerst genannten Produkte stehen.

Mit Teilnahme und Bedauern höre ich von den ärztlichen Behandlungen, denen Sie sich unterziehen mußten. Hoffentlich haben Sie das Schlimmste bis auf Weiteres hinter sich.

Mit einigem Zögern gratuliere ich Ihnen zu dem Pour le Mérite. Nicht daß ich an Ihrem «Verdienst» auch nur von ferne zweifelte, aber die Bonner Regierung, die ihn Ihnen verliehen hat, gehört nicht zu den bevorzugtesten Objekten meiner Bewunderung – gehörte sie schon in der Ära Adenauer nicht (mit dem ich übrigens 1946 in Godesberg ein Nachtessen eingenommen habe und sofort in Streit geriet!) und so auch nicht in ihrer jetzigen Gestalt als Koalitionsregierung: wegen ihrer Außenpolitik (Sturheit dem Osten und besonders der DDR gegenüber) und wegen ihrer Innenpolitik (z. B. Notstandsverordnungen). Ganz abgesehen davon, daß mir eine angeblich «christliche» – und dann als solche auch noch herrschende Partei prinzipiell ein Greuel ist! Aber auch bedenkliche Leute tun ja gelegentlich etwas Gutes. Und etwas Gutes war sicher die Ihnen zuteil gewordene «Verleihung». Vielleicht zeigen Sie mir das Ding, wenn gute Engel mich noch einmal nach Saas-Fee bringen sollten. Und vielleicht zeige ich Ihnen dann umgekehrt, wenn Ihr Besuch in dieser meiner bescheidenen Hütte sich einmal ereignen sollte, die goldene Kette, die mir – kein Regierungsmensch, aber der Rektor der Universität Bonn an meinem 80. Geburtstag als Abzeichen eines «Ehrensenators» umgehängt hat. Gelt, wir Beide sind Leute, die sich an solchen Vorgängen lachend erfreuen können.

Am letzten Samstag habe ich hier (wie in den letzten beiden Semestern) – als Emeritus immerhin immer noch ein bißchen aktiv – ein Seminar von allwöchentlich zwei Stunden eröffnet: diesmal über die Konstitution De ecclesia des Zweiten Vatikanum. Die Sache nötigt mich heilsam zu viel Arbeit, macht mir aber Vergnügen, einmal der Sache wegen und sodann, weil ich gerne mit den (etwa 60) jungen Menschen umgehe und rede, denen ich ja allen mindestens Großvater sein könnte, die sich aber freundlich und respektvoll von mir weiden lassen, soweit ich das zu tun noch in der Lage bin.

Ob Sie auch etwas vom Getöse der eidgenössischen Wahlen erlebt haben? Herrlich der mir genau gleichaltrige Walliser Sozialist Dellberg, der von seinen eigenen Leuten nicht mehr portiert wurde, flugs selbständig kandidierte und dann glänzend wiedergewählt wurde! Herrlich auch die Wahl des Kabarettisten Rasser im Kanton Aargau! Während hier in Basel ein tüchtiger und verdienter Mann als Ständerat nicht bestätigt wurde, weil er «schon» 71 Jahre alt sei. Meine Frau und ich waren stundenlang am Radio, um all die Nachrichten aus den so verschiedenen Kantonen des lieben Vaterlandes – unterbrochen von amerikanischen Schlagern und bekannten Militärmärschen – auf uns wirken zu lassen. Sie müssen einmal eine besondere «Meistererzählung» schreiben, in der Sie wenigstens einige von den vielen alten und jungen schweizerischen Käuzen, deren Mitbürger Sie ja jetzt sind, zur Sprache und zu Ehren bringen würden.

Es steht zu befürchten, daß bei der neulich abgeschlossenen Bischofskonferenz in Rom nichts Entscheidendes herausgekommen ist, jedenfalls nicht in der so stachligen Mischehen-Frage. Mir gefiel das viel zu überladene Programm dieses Gremiums von Anfang an nicht. Es ist Ihnen hoffentlich klar, daß Sie im Rahmen des vielberufenen «Laienapostolats» (ich pflege das auch meinem Doktor immer wieder einzuschärfen!) gar sehr zum Mitdenken und Mitreden in Sachen der Kirche aufgerufen sind!

Der arme Papst leidet nach dem, was in den Zeitungen steht, ziemlich genau an dem selben Übel (Prostata), eventuell auch an dem selben Bazillus (er heißt: Proteus mirabilis!), um deswillen ich zweimal operiert werden mußte und an dem ich noch jetzt (doch waren die letzten Wochen recht erträglich) laboriere. Ich habe ihm das, weil er mich letztes Jahr so freundlich empfing, in einem Brief zu seinem 70. Geburtstag angedeutet und ihm ein neues Lebensjahr voll «weiser Beschlüsse und mutiger Taten» gewünscht.[15]

Mein zweiter Sohn ist jetzt tatsächlich mit seiner ganzen Familie in Ihrem Mainz gelandet und hat seine Tätigkeit dort aufgenommen. Sie wohnen «auf der Steig», offenbar einem erhöhten Ort in dieser mir noch nicht bekannten Stadt. Meine andere Ihnen bekannte Schwiegertochter (die mit der Pfeife) hat neulich ihr Auto in einen Totalschaden hineingesteuert, ist aber mit drei Amerikanern, die sie führte, mit dem Leben davon gekommen und nur leicht verletzt worden.

Von mir selbst ist als Neuestes zu berichten, daß ich von der Harvard University (Mass.) eingeladen wurde, im Dezember 1968 dort drei Vorträge zu halten. Ob ich das noch schaffe und also annehmen kann, darf, soll? Meine Frau und der Doktor würden gegebenenfalls mitkommen.

Kennen Sie die hübsche Anekdote von Pablo Casals? Der Mann ist 90 Jahre alt – also erheblich älter als wir Beiden – und übt noch immer täglich vier bis fünf Stunden. Gefragt: Wozu? Antwort: «Weil ich den Eindruck habe, ich mache Fortschritte.»

Grüßen Sie Ihre verehrliche Gattin und berichten Sie ihr, daß auch *ihr* Buch[16] in unserer Familie mit Lust gelesen wird.

So mit allen guten Wünschen für Geist, Seele und Leib
Ihr Karl Barth

Saas-Fee, 22.12.1967

Lieber, verehrter Freund,

längst bin ich Ihnen einen Brief schuldig, doch wir sind erst gestern von einer langen, anstrengenden Reise heimgekommen, und zwischendurch hatte mich noch eine Emphysem-Bronchitis erwischt. So will ich Ihnen heute nur, Ihre liebe Frau und alle die Ihren einschließend, ein gnadenreiches Weihnachtsfest wünschen und ein gesegnetes neues Jahr!

In herzlichem Gedenken
Ihr Carl Zuckmayer mit Frau,
Tochter, Schwiegersohn

Ein kleiner flüssiger Gruß folgt nächste Woche per Boten!

Saas-Fee, 19.II.1968

Lieber, verehrter Freund,

zu meiner Betrübnis hörte ich schon vor einiger Zeit, daß es Ihrer lieben Frau nicht gut geht – es war von einem Herzinfarkt die Rede, ich hoffe aber, sie hat das Schlimmste schon überwunden, geht der Genesung entgegen –, und jetzt höre ich von Ihrer Tochter, daß Sie selbst wegen einer Lungenentzündung ins Spital mußten. Aber sie schreibt gleichzeitig, es ginge Ihnen «relativ ordentlich», so darf ich die Hoffnung haben, daß dieser Brief Sie schon im Zustand der fortschreitenden Besserung erreicht.

Ich finde es imponierend und großartig, daß Sie trotz Ihrer Jahre und mancher gesundheitlicher Beschwerden doch Ihr Seminar über das Konzil abgehalten haben!

Aber Sie werden gewiß, so lange Sie atmen, nicht ohne Ihre Tätigkeit und Wirksamkeit leben können! Auch ich stecke jetzt, endlich, nach einem an Korrespondenz und Pflichtaufgaben mehr oder weniger unproduktiver Art verlorenen Jahr, wieder mit allen Kräften in einer neuen, großen Arbeit, von der ich Ihnen gern erzählen möchte – aber es ist noch nicht so weit; im Anfangsstadium besteht immer die Gefahr, daß man etwas ‹zerredet›, wenn man darüber spricht oder schreibt. «Das stickt noch innewendig», sagt man bei mir daheim. Aber ich glaube, der Stoff und die Idee, hoffentlich dann auch die Ausführung, werden Ihre Zustimmung finden!

Sie haben mir seinerzeit «mit einigem Zögern» und einer begreiflichen Skepsis zum «Pour le Mérite» gratuliert, wofür ich Ihnen noch zu danken habe. Aber man erhält diesen Orden ja *nicht* von der Bundesrepublik, obwohl die Überreichung durch den Ordenskanzler im Hause ihres, sehr sympathischen, Botschafters stattfand, – sondern vom Kapitel der Ordensträger, das sich aus lauter integren Leuten zusammensetzt. Dieser Orden (für Wissenschaften und Künste, gegründet von dem gescheitesten Preußenkönig, Friedrich Wilhelm IV.) hat sich im Jahre 1933 selbst aufgelöst, kein Nazi hat seine Insignien je erhalten oder getragen, und er wurde erst durch den famosen Theodor Heuß, im ersten Jahr seiner Bundespräsidentschaft, neu ins Leben gerufen. Also darf man ihn getrost annehmen. (Zu seinen ersten Trägern gehörten Alexander von Humboldt und Jacob Grimm!)

Wir planen im *Mai* einen Besuch in Basel, es wird dort in der «Komödie» mein Stück «Des Teufels General» neu aufgeführt, – und ich hoffe von Herzen, Sie und Ihre Frau, beide so gesund wie möglich, dann wieder in Ihrem eignen Hause anzutreffen!

Mit den herzlichsten Wünschen und Grüßen, auch im Namen meiner Frau,

stets Ihr Carl Zuckmayer

Basel, am 16. März 1968

Lieber Freund!

Seit dem 1. November haben Sie nichts Direktes mehr von mir gehört. Wenn Sie ahnen könnten, an wen ich vor einer Stunde einen Brief gekanzelt habe! An keinen Geringeren als an den Papst Paul VI., der mir irgendwie wohl gesonnen zu sein scheint und dem ich jetzt – ebenfalls endlich – für Verschiedenes zu danken hatte.[17] Unmittelbar nach Seiner Heiligkeit sollen nun Sie wieder einmal an die Reihe kommen.

Sie sind durch meine Tochter über das unterrichtet worden, was in den nun hoffentlich dem Ende nicht mehr fernen Monaten und Wochen über uns ergangen ist. Hoffentlich hat sie auch meinen Dank für die herrliche Weinsendung gebührend zum Klingen gebracht! Sie weilt augenblicklich mit ihrem Mann nicht so weit weg von Ihnen in Grächen (also oberhalb des für mich so bedeutungsvoll gewordenen Dorfes St. Niklausen im Zermatter Tal) und spielte mit dem Plan, Sie in Saas-Fee aufzusuchen. Ich habe ihr das aber freundlich abgeraten: Sie seien ohnehin ein viel besuchter und beschäftigter Mann, und überdies würden Sie und mein Schwiegersohn, ein Mensch, den ich in seiner Art nicht nur sehr hoch schätze, sondern auch aufrichtig lieb habe, Alles in Allem zueinander passen wie die Faust aufs Auge.

Hierseits ist die Ordnung insofern wieder hergestellt, als sowohl meine Frau als ich selber aus unseren Spitälern entlassen und also wieder – wenn auch bei gedämpfter Trommel Klang[18] – an unserem Ort mehr oder weniger in Bewegung sind. Meine Frau darf keinen zweiten Herzinfarkt riskieren! Was mich betrifft, so kann ich mich nur wundern, mit welcher Güte und Geduld der liebe Gott mit mir umgeht, mich noch und noch auch von lieben Menschen umgeben sein läßt. Ich fand mich schon nach einigen Tagen der Spitalfreiheit in der Lage, an einer Art «Gipfelkonferenz» von katholischen Bischöfen und den entsprechenden Honoratioren von unserer Seite leidlich aktiv teilzunehmen.[19]

Literarisch nahmen mich in den letzten Wochen zwei Gestalten in Anspruch: 1) (es ging bei mir um die Ausfüllung einer alten Bildungslücke) Wilhelm Raabe – Chronik der Sperlingsgasse, Apotheke zum Wilden Mann, Akten des Vogelsangs – und 2) Jean Paul Sartre, dessen Selbst- bzw. Jugendbiographie («[Die] Wörter») mit seinen bekannteren Werken deutsch bei Rowohlt erschienen ist. Beide gehen mir sehr *nahe,* aber eben irgendwie *unheimlich* nahe. Ist Raabe nicht in der ganzen urdeutschen Liebenswürdigkeit seiner Schilderungen der raffinierteste Vertreter des heimlichen Nihilismus des neunzehnten – Sartre in seiner kaum gelegentlich im Widerspruch zu sich selbst eiskalten Schärfe der krude Vertreter des offenen Nihilismus des gegenwärtigen Jahrhunderts? Wenn Sie einen der Beiden oder Beide anders sehen – Sie sind da wirklich zuständiger als ich –, so deuten Sie doch mir in einer Arbeitspause in ein paar Worten an, wie Sie zu ihnen stehen!

Etwas «baff» war ich angesichts einer Stelle Ihres letzten Briefs, in der Sie Friedrich Wilhelm IV. den «gescheitesten» Preußenkönig nennen. Sehr gescheit hat er sich doch z.B. in der Berliner Märzrevolution 1848 nicht benommen (sein jüngerer Bruder, der nachmalige König und Kaiser Wilhelm I., der «Kartätschenprinz», freilich auch nicht – oder noch weniger)! Nach der mir bekannten Historie war Friedrich Wilhelm IV. jedenfalls in den letzten Jahren seines Lebens notorisch geisteskrank. Und ich als Schweizer kann es natürlich nicht gutheißen, daß es, wenn es nach ihm gegangen wäre, in den fünfziger Jahren (die preußische ordre de bataille war schon erstellt) wegen Neuenburg zum Krieg zwischen Preußen und uns gekommen wäre, wenn nicht Napoleon III. und die Engländer eingegriffen und das Unheil verhütet hätten.

Denken Sie, was mir passiert ist – ungefähr auf dem selben Niveau wie Ihre Erhebung in die Ordensritterschaft «Pour le Mérite»! Kaum spitalfrei geworden, erreichte mich aus Paris die feierliche Nachricht von meiner Wahl zum Membre de l'Institut de France (Académie des sciences morales et politiques) – anstelle eines verstorbenen Brigadegenerals! Ich mußte mir erst nachträglich erklären lassen, daß das in Frankreich eine Ehrung bedeutet, in deren Besitz ich nun mit 39 anderen Krautköpfen zusammen nur wenige Stufen unterhalb von Charles de Gaulle meine Tage beschließen werde, eine goldbestickte Uniform und einen Galadegen tragen dürfte. Auch darauf möchte ich lachend mit Ihnen anstoßen dürfen.

Bitte, sagen Sie doch Ihrer verehrten Gattin, daß ich nun auch *ihr* Buch[20] von A bis Z mit Genuß gelesen habe. Es ist in seiner, wie es sich gehört, eigenen Art durchaus würdig, neben Ihren Werken zu stehen.

Im kommenden Sommersemester möchte ich – so Gott will und wir leben[21] – mit den Studenten noch einmal Schleiermacher lesen. Ob Ihnen der Name des (1768 geborenen) Mannes etwas sagt? Ich habe seine romantische Theologie ein Leben lang ernstlich bekämpft, möchte aber zum Schluß versuchen, sie unter der heutigen Jugend zum Leuchten zu bringen. Ob es gelingen wird?

Und nun dürfen wir also im Mai Ihren und «des Teufels General» Besuch in Basel erwarten. Über das Technische hier auf dem Bruderholz[22] muß ich erst Planungen versuchen, die auch davon abhängen, wieviel Stunden Sie uns gewähren können. Wieviele uns nahestehende Menschen würden Sie natürlich liebend gern persönlich kennen lernen! Wiederum und vor allem möchte ich aber bei diesem Anlaß auch mit Ihnen unter vier Augen zusammen sein. Machen Sie sich auf alle Fälle schon wegen unserer debilen Gesundheitszustände auf einen bescheidensten Empfang gefaßt! Aber «so oder so», wie der größte Feldherr aller Zeiten (der Gröfaz)[23] zu sagen bzw. zu schreien pflegte, übergehen Sie das Bruderholz nicht, wo Ihrer sehr herzlich gedacht wird!

Ihnen und allen Ihrigen (auch denen in Wien!) meine, unsere besten Wünsche und Grüße

Ihr Karl Barth

Saas-Fee, 10. April 1968

Lieber, verehrter Freund,

es ist höchste Zeit, daß ich auf Ihren lieben und inhaltsreichen Brief vom 16. März antworte, den Sie, welche Ehre für mich, unmittelbar einem Schreiben an Papst Paul VI. anschlossen. Was mich vor allem daran erfreute, war die Nachricht, daß Sie nun beide wieder im Bruderholz gelandet sind und so Gott will auch beide auf dem Weg der Besserung und Genesung. Ihre Frau muß sich unbedingt schonen und sich auch nicht durch Besuche, welcher Art auch immer, belasten und überanstrengen lassen. Ich glaube, daß ein Herzinfarkt sich in jedem Alter ausheilen läßt, aber es braucht viel Ruhe, ungestörten Schlaf und ein gewisses Sichgehenlassen, das heißt, sich zu nichts zwingen, wenn man müde ist. Ich will daher vorausschicken, daß wir Sie beide dringend bitten, unseren Besuch – denn natürlich werden wir kommen! – mit keinen wie immer gearteten Anstrengungen zu verbinden, vor allem nicht, was Bewirtung anlangt, – wir brauchen ja nicht zu einer Mahlzeit zu kommen und werden uns mit der Zeit ganz nach Ihnen, Ihren Lebensgewohnheiten und dem, was Sie gerade vorhaben, richten, – es kann ein Nachmittag oder ein Vormittag oder eben jede Zeit sein, die Ihnen paßt. Ich persönlich bin nicht sehr drauf aus, viele neue Bekanntschaften zu machen. Mir liegt am meisten am Gespräch mit Ihnen. Aber wenn Sie Ihnen nahestehende Menschen haben, mit denen Sie mich oder uns beide gern zusammenführen wollen, so soll das ganz nach Ihrem Wunsch gehen. Die Première des «General», zu der mich die Basler Komödie eingeladen hat, ist am

16. Mai, an diesem Tag fällt also der Abend und wohl besser auch der Nachmittag aus, denn solche Aufführungen bringen allerhand Strapazen mit sich, wenn man offiziell angekündigt ist, es lauern dann Bekannte und Unbekannte, von den Theaterleuten abgesehen, mit denen man, obwohl solche Zusammenkünfte notorisch unfruchtbar und sogar sehr oft langweilig sind, aus Höflichkeit nach der Aufführung noch zusammenhokken muß. Ich vermeide daher seit Jahren – wenn es sich nicht um eine neue Uraufführung handelt, an deren Vorbereitung man dann aktiv beteiligt ist –, solche Einladungen zu Premièren meiner Stücke in irgendeiner Stadt anzunehmen, und sage Ihnen ganz ehrlich, daß ich es in diesem Fall nur getan habe, weil es in Basel Sie gibt (und den Basler Zoo). Denn die Bernoullis [24] kann ich auch hier sehen, sie kommen jedes Jahr in ihr Almageller Haus. Ich werde den 15. und den 17. Mai, je nach dem, welcher Tag Ihnen besser paßt und welche Zeit für Sie angenehm ist, freihalten. Wir wollen am 14. – wohl abends – ankommen und müssen am 18. nach Zürich.

Wilhelm Raabe habe ich seit Jahrzehnten nicht mehr gelesen. Ich kenne die von Ihnen erwähnten Werke aus der Jugend und werde mich bald wieder mit ihm zu beschäftigen haben, da es bei ihm auch eine dichterische Version der Rattenfängersage von Hameln gibt, ein Stoff, der mich seit einiger Zeit dramatisch interessiert [25] (nicht weil einer die ‹Zauberflöte› bläst, sondern wegen der Unruhe der Jugend, wegen des ‹Auszugs der Kinder› – der ja historisch ganz nahe bei den Kinderkreuzzügen liegt). Ich spüre da so etwas wie eine Parallele zu heutigen Erscheinungen, wie etwa dem seltsamen Herumzigeunern jener sogenannten ‹Hippies› in Amerika, das zweifellos nicht nur gewöhnliche Gammlerei, gesellschaftliches Unbehagen darstellt, sondern so etwas wie einen chiliastischen Zug enthält. – Zunächst allerdings hält mich ein viel ernsthafterer, dramatischer Stoff gefangen – ach wenn mir nur der Liebe Gott den Segen gäbe, auch da noch einen Schimmer von Licht, von Heiterkeit aufschimmern zu lassen! – nämlich die «Dialoge der Todgeweihten», aus dem Widerstand gegen Hitler. Ganz anders angelegt als «Des Teufels General», nicht als individuelle Charaktertragödie, aber ich glaube, das politische, geistige, religiöse Testament dieser Menschen, das jetzt schon teils zerredet, teils vergessen ist, muß noch einmal ganz rein herausgestellt werden – gerade jetzt, am ‹Scheideweg›. Vielleicht darf ich darüber einmal mit Ihnen sprechen, Sie haben ja vermutlich Dietrich Bonhoeffer gekannt, vielleicht auch Delp und andere? Mir kommt es nicht auf ‹Porträts› an, nur auf den Geist. *Bitte* betrachten Sie das als ganz vertrauliche Mitteilung. Es weiß außer meiner Frau und der Gräfin Freya von Moltke niemand, woran ich jetzt arbeite, und es soll um Himmelswillen nicht publik werden und ein Gegenstand der Publizistik, bevor es gelungen – oder mißlungen ist. Vorläufig ist es ein Versuch – aber ich glaube, er ist aller Mühe wert.

Bei Wilhelm Raabe ist mir schon damals, von der Anmut seines erzählerischen Ausdrucks abgesehen, eine gewisse ‹Verschlagenheit› aufgefallen – auch mein (unlängst verstorbener) Freund Heinz Hilpert, der ein Raabe-Kenner war, nannte das so. Vielleicht ist es das gleiche, was Sie als «heimlichen Nihilismus» empfinden. Das Werk von Sartre habe ich bis jetzt nur französisch, Les Mots, und habe beim Versuch der Lektüre bemerkt, daß mein Vokabular dazu nicht ausreicht, ich werde mir die deutsche Ausgabe von Rowohlt beschaffen. Ich kann also über dieses Buch nichts sagen, hatte aber von Sartres Werk (seine Stücke zum Teil großartik gekonnte Dramatik!) immer das Gefühl vom eiskalten Seziermesser, mit dem eine Zwiebel geschält wird, wobei eben zum Schluß kein Kern bleibt, sondern nichts als das Nihil.

Wie sehr passen die von Ihnen zitierten Paulus-Worte, in Ihrer Schrift «Erneuerung der Kirche»[26], für die ich Ihnen danke und die ich mit Erregung gelesen habe, auch auf die Kunst, das Drama besonders – das ‹agathon› und das ‹teleion› als Gehalt, das ‹euareston›[27] als Form. Im höchsten und schönsten Fall kommt es, wie bei Ihrem seliggesprochenen (oder seligzusprechenden) Mozart[28], zur vollen Verschmelzung.

Die Gefangenschaften «der Zeitgeister und der Moden» machen sich heute in der Literatur, der deutschen besonders, auf recht ekelhafte Art bemerkbar. Da gibt es keine Spur von «heiterer Zuversicht»[29] – von der man doch hoffen durfte, daß sie, nachdem der Schrekken der Hitlerei überwunden war, die Menschen erhellen werde. Aber die gibt es natürlich nicht ohne Religion, die von den meisten dieser Leute gar nicht erst in Erwägung gezogen wird. Ich habe gerade eine Schrift, eine Art Lebensabriß, des von mir sehr verehrten Physikers Max Born[30] (geb. 1882) gelesen, die in völligen Pessimismus ausläuft. Er macht für das «Ende des Menschen als ethisches, freies und verantwortliches

Wesen» die Dominanz der Naturwissenschaften haftbar, denen er selbst sein Leben lang gedient und sie geliebt hat.

Ich bin vielleicht ‹primitiv›, aber mir erschien alles, was ich durch Naturwissenschaften je erfahren habe, wie ein Gottesbeweis – zum Beispiel ganz einfach die Metamorphose. Ist Ihnen Teilhard de Chardin zu ‹monistisch›?[31] Mich hat sein «Créer c'est unir», sein großangelegter Versuch einer Darstellung der Einheit von Geist und Materie – die eben, zuerst und zuletzt, nur in Gott vollendet ist, sehr beeindruckt. Während ich das niederschreibe, schaue ich aus dem Fenster, und gerade geht – (wir haben inzwischen Gründonnerstag) – hinter den Bergen der Mond auf, noch zwei Tage vor Vollmond, an einem klaren Himmel. Immer wieder bin ich von einem solchen Bild ergriffen, zeugt es doch von der dauernden Bewegung der Welt, wie das «wandernde Volk Gottes», im Raume der Schöpfung.

Was die ‹Erneuerung› anlangt, so gibt es von hier allerlei zu berichten. Wenn ich Ihnen im letzten Sommer noch sagen durfte, daß es bei uns hier im Wallis eine, für mein Empfinden sehr schöne, ‹gemischte› Liturgie gab, in der ein Teil der Meßgesänge immer noch auf lateinisch und nach den alten, liturgischen Weisen gesungen wurde, so ist das jetzt vorbei. Alles nur noch auf deutsch. Ich empfinde das, zum Teil, als eine Verarmung. Es stimmt ja nicht, daß die Leute nicht wußten, was gemeint ist, wenn das Gloria, das Credo, das Sursum Corda, das Paternoster lateinisch gesungen wurde. Manche dieser liturgischen Weisen (ich weiß nicht, ob sie gregorianisch oder nachgregorianisch, wohl sicher kaum vor-gregorianisch waren) hatten eine so wunderbare Feierlichkeit (auch das «Ite») oder auch eine tiefe oratorische Eindringlichkeit, besonders das Pater Noster. Jetzt wird das Vater Unser in Wechselgesang zwischen Priester und Chor in einer ziemlich eintönigen Art gesungen. Welch eindringlichen Klang hatte das «et ne nos inducas in tentationem»! Auch erscheinen mir die deutschen Übersetzungen vielfach matt und farblos: – et divina institutione formati, audemus dicere: «und angeleitet durch göttliche Belehrung wagen wir zu sprechen ...» Ist das nur die Gehörserinnerung des Mainzer Meßbuben, die sich hier etwas enttäuscht fühlt? Ich bin ja nicht das, was die modernen katholischen Kleriker einen ‹religiösen Romantiker› nennen. Ich wäre glücklich, wenn die Verdeutschung und Verdeutlichung, oder überhaupt das Hören der hl. Messe in den verschiedenen Landessprachen, wirklich zu einer echteren, intensiveren Teilnahme der Gemeinden, der Jugend besonders, führen würde. Aber ich habe meine leisen Zweifel daran, ob es das tut. Am Palmsonntag wurde uns zum ersten Mal als «neue Einrichtung und Anordnung» mitgeteilt, daß von dieser österlichen Zeit ab das Vaterunser im Meßdienst zwar noch mit «erlöse uns von dem Übel» endet, aber als Gebet von jetzt ab mit den bisher nur bei der evangelischen Kirche üblichen Endzeilen «Denn Dein ist das Reich ...» gesprochen werden soll. Auch im «Gegrüßet seist Du, Maria» wird das Wort «gebenedeit unter den Weibern» durch «unter den Frauen» ersetzt. Ist in mulieribus das gleiche wie in feminis? Und warum das schwächere deutsche Wort?

Nun – was wahrhaftig der Vereinung und Erneuerung dient, kann und will ich nur begrüßen. Und will es aufs Gebiet der ‹ästhetischen Vorbehalte› schieben, wenn ich es morgen am Charfreitag vermissen werde, «Flectamus genua» zu hören ...

Von Schleiermacher habe ich nur eine literarische Vorstellung, eben besonders durch sein Verhältnis zu den Romantikern, den Brüdern Schlegel und anderen, ich erinnere mich an die «Vertrauten Briefe über die Lucinde», auch recht dunkel an die «Rede über Religion an ihre gebildeten Verächter»[32], theologisch weiß ich nichts von ihm und überhaupt sehr wenig. Ich hoffe, Sie werden das drucken lassen, was Sie über ihn sprechen, es würde wohl für mich die Ausfüllung einer Bildungslücke bedeuten. (Einer von vielen.)

Übrigens habe ich in meinem letzten Brief einen lapsus mir zuschulden kommen lassen, ich hätte über jenen Preußenkönig nicht schreiben dürfen, der gescheiteste, sondern ‹der gebildetste›, als den ihn Alexander von Humboldt bezeichnet hat. Vermutlich hatte er damit recht, denn der ‹Große› Friedrich II. war ja wohl in seiner Bildung sehr einseitig.

So weit war ich mit diesem Brief gerade gekommen, da kam meine Frau herauf und sagte, sie habe im Radio gehört, daß man den deutschen Rebellen Rudolf Dutschke lebensgefährlich angeschossen hätte – wer, weiß man noch nicht, Gottseidank nicht die Berliner Polizei, offenbar ein anderer Jugendlicher. Mir ist auf der Stelle schlecht geworden. Herrgott, in was für einer Zeit leben wir – schon wieder, oder immer noch, oder immer wieder – oder immer? Immer? «Aber der Raum der Schöpfung Gottes ist auch der Raum der Sünde und des Todes», lese ich bei Karl Barth.[33] Mir hat das hektische Soziologen-Rotwelsch des Dutschke wenig bedeutet, noch weniger seine Anwendung des Begriffes ‹Revolution›, der bei ihm etwas durchaus Zielloses zu haben schien, also nur die ‹Zerstörung des Bestehenden von Grund auf›, damit Neues werden könne. Unfug. Darüber waren wir in den Unterständen in Flandern, 1917/18, schon hinaus. Aber dennoch spürte man bei ihm Ernsthaftigkeit. Ich dachte mir, letztes Jahr in Deutschland, entweder wird man den in zwei Jahren vergessen haben, oder er wird sich entwickeln. Jetzt macht man ihn zum Märtyrer – wofür?

Und das kaum eine Woche nach der Ermordung von Luther King. Und mitten in einer völlig undurchsichtigen weltpolitischen Situation, in der man – mit bloßem Auge sozusagen – Gut und Böse, oder Agathon und Teleion, nicht mehr zu unterscheiden vermag.

Wir haben dann, zufällig, im Radio die wunderbare Negersängerin Leontine Price mit einem Chor ‹Spirituals› singen hören – «Come on, sweet Chariot» – das war eine Art von Trost. Aber wenn ich einem meiner literarischen Kollegen gestehen würde, daß für mich die Eucharistie ein echter Trost ist – ich habe am letzten Sonntag daran teilgenommen und werde es an diesem wieder tun –, so würden die mich für hirnverbrannt halten, – für einen «lallenden Kannibalen, der seinen Gott auffrißt», – so habe ich's neulich bei einem von denen gelesen.

So wird man gerüttelt, zwischen dem feierlichen Aufzug des Monds am blassen Himmel, und dem blitzenden Aufzug der Planeten und Fixsterne am dunklen. Jetzt ist es ganz still, und ich weiß, es gibt nur eines: Gott zu danken.

Ich gebe diesen Brief morgen expreß auf, damit er Sie noch als Ostergruß erreicht. Ich wünsche Ihnen beiden einen frohen und gesunden Auferstehungstag.

Von Herzen Ihr Carl Zuckmayer

PS: Auch wenn Sie denken, daß Ihr Schwiegersohn und ich wie die Faust aufs Auge passen, hätte ich die beiden freundlichst empfangen, aber wir waren in dieser Zeit verreist. Im Sommer gibt's einen herrlichen Bergweg von Grächen nach Saas-Fee, 7 Stunden über 3000 m Höhe – ich habe ihn noch vor zwei Jahren gemacht und hoffe, ich werde es noch einmal können.

Saas-Fee, Charfreitag abend 12.4.1968

Lieber Freund,

als Ergänzung meines gestrigen Briefes, der einen traurigen Ausklang hatte, möchte ich Ihnen heute etwas zu Ihrer Erheiterung nachjagen – ich hoffe, es wird Sie wirklich amüsieren. Vor einigen Wochen wurde ich von meinem Verlag gedrängelt, zu einer Anthologie «Die Väter» einen Beitrag zu schreiben, in der nicht nur Söhne, sondern auch Großväter zu Wort kommen sollen, um sich über die Stellung des ‹Vaters› oder ‹das Vaterbild› im heutigen Leben zu äußern, persönlich oder allgemein. Ich fürchte, es wird da viel über das verlorene oder geltungslos gewordene ‹Vaterbild› gefaselt werden, wobei wohl auch das grausliche Wort ‹das image› (eine aus dem Amerikanischen übernommene Verhunzung von Imago) strapaziert werden dürfte. Da ich in meinem Erinnerungsbuch alles gesagt habe, was ich über meinen Vater, für mich eine beispielhafte Gestalt lebenslanger Liebe und Verehrung, sagen kann, und mich weder wiederholen noch an theoretischen Diskursen teilnehmen will, habe ich, auf einem Spaziergang, in 5 Minuten, ein paar Verse gemacht, die mich selbst recht lustig gestimmt haben.[34] Man muß ja auch solchen Problemen gegenüber nicht unbedingt humorlos sein. Ich will dazu sagen, daß der unserer rheinhessischen Mundart entsprechende Reim ‹Kindern› – ‹Hintern› – durch Goethe legitimiert ist, bei dem es einige hundert solche Reime gibt (Musterbeispiel: Ach neige / Du Schmerzenreiche. Goethe hat das natürlich ‹neiche› ausgesprochen, wie man es eben zwischen Rhein und Main, Neckar, Nahe und Mosel tut).

Nochmals liebe Ostergrüße!

Ihr Carl Zuckmayer

*Den Vätern ins Stammbuch*

Habt keine Angst vor den Kindern!
Sie sind nicht erhab'ner als Ihr.
Drescht Eurem Sohne den Hintern,
Eh' daß er die Achtung verlier'.

Kriecht nicht vor ihnen wie Sklaven,
Auch wenn sie meckern und schrein.
Selbst bei den kritischsten Schafen
Muß noch ein Leithammel sein.

Seid Ihr verkalkt und verblödet,
Fühlt Euch zumindest als Mist.
Denkt: jeder Acker verödet,
So er nicht vorgedüngt ist.

Wenn Ihr Fehler gemacht habt –
Wer war sein Leben lang klug?
Doch wenn Ihr einmal gelacht habt
Über Euch selbst! – ist's genug.

C. Z.

Saas-Fee, 13.4.68

Mon Dieu!,

ich habe über all das, was ich Ihnen zu schreiben hatte, ganz vergessen, Ihnen zu der hohen Ehrung, die man Ihnen durch die Ernennung zum Membre de l'Académie des ‹Institut de France› erwiesen hat, zu gratulieren! Ich glaube, dies ist nun wirklich eine *ungewöhnliche* Anerkennung, besonders für einen Nicht-Franzosen, und ich habe mich aufrichtig darüber gefreut!

Reumütig wegen des verspäteten Glückwunschs, doch umso mehr von Herzen,

Ihr Carl Zuckmayer

Rom, 22.4.68

Lieber Freund,

hier sind wir Gottseidank nur als ‹Laien›, ohne andere Aufgaben, als uns des römischen Frühlings und des Landweins zu erfreuen! Aber es gibt doch immer eine ‹Mission›: in einem Restaurant einfachen Stils plötzlich eine ‹ökumenische Gruppe› aus Deutschland, die mich erkannte und zu der ich sprechen mußte!

Herzliche Grüße!
Ihre Carl und Alice Z.

Saas-Fee, 3. Mai 1968

Lieber Freund,

Ich habe auf alle Fälle zur Premiere von «Des Teufels General» am 16. Mai zwei Karten für Sie reservieren lassen, was aber nicht bedeuten soll, daß Sie wirklich hinein müssen.

Ich könnte nur zu gut verstehen, wenn Ihnen und Ihrer Frau ein solcher gewiß ziemlich langer Theaterabend zu anstrengend ist.

Ich wäre Ihnen für eine ganz kurze Nachricht dankbar, ob Sie über die Karten verfügen wollen oder nicht. Sie können sie natürlich auch an Sohn oder Tochter weitergeben.

Wenn nicht, würde ich anderweitig darüber verfügen.

Mit herzlichen Grüßen Ihr Carl Zuckmayer

Basel, den 7. Mai 1968

Lieber Freund!

Vor mir liegen – seit ich Ihnen das letzte Mal schrieb – nicht weniger als vier Lebensäußerungen von Ihnen – jede war in ihrer Art besonders erfreulich! Die Stunde, sie endlich – noch vor Ihrem persönlichen Erscheinen an unserem Rheinknie – zu beantworten, hat geschlagen. Daß sie erst jetzt schlägt, lag zum Teil an gesundheitlichen Krisen, die meine Frau, zu viel kleinerem Teil gelegentlich doch auch mich befielen (z.Zt. geht es beiderseits wieder aufwärts), zum Teil daran, daß ich in all den Wochen wieder fast wie in alten Zeiten für mein bißchen akademisches Tun zu arbeiten hatte. Ein wahres Glück, daß wir – fast direkt vom Himmel herab – eine überaus tüchtige und freundlich vergnügte 62jährige Haushälterin, Pflegerin und vortreffliche Köchin gefunden haben! Sie ist im Alter von 17 Jahren durch eine ihr im Beichtstuhl gestellte indezente Frage endgültig von der katholischen Kirche abgeschreckt worden, lebt seither kirchlich im leeren Raum und hört nun bei uns erstmalig wieder öfters von christlichen Dingen reden. Sie heißt Frau Stöckli (sic) und wird Ihnen an dem schönen Tag Ihres Besuches auf dem Bruderholz die Tür öffnen und die Honneurs machen.

Meine Frau muß ich für jenen Tag zu ihrem aufrichtigen Bedauern im voraus entschuldigen: sie wird am 12. Mai zu einem Erholungsaufenthalt in Adelboden im Berner Oberland aufbrechen. Als dankbare Leserin Ihrer Bücher wird sie u.a. auch das Buch Ihrer Frau (die sich hoffentlich nicht abhalten lassen wird, Sie hierher zu begleiten!) mitnehmen.

Also: Fünfzehnter oder/und siebzehnter Mai! Selbstverständlich werde ich am 16., von irgend einem guten Geist geleitet, bei «Des Teufels General» zugegen sein. Wie, wenn Sie mir dann am 17. *nach* dem Gesehenen und Gehörten und eventuell auch im Rückblick auf

Ihren Besuch im Zoologischen noch ein Stündchen – vielleicht ein Abendstündchen – schenken könnten? – zu welchem ich dann vielleicht ein bis drei Auserwählte mit einladen würde. Aber am Zwiegespräch mit Ihnen liegt mir am meisten, und ferne sei mir jegliches Zuvielverlangen! Bewirtung also in Form irgendeiner Zwischenverpflegung! Dürftig einem solchen Kenner wie Sie gegenüber, werde ich in dieser Hinsicht ohnehin etwas in Verlegenheit sein. Doch wird besagte Frau Stöckli irgendwie Rat wissen. Eben trifft Ihr freundliches Angebot von zwei Freikarten bei mir ein. Der gute Geist, der mich in die «Komödie» begleiten wird, wird mein Ihnen bekannter Sohn Markus sein, den ich sofort telefonisch ins Bild setzte.

Ihr inspiriertes Vater-Lied hat mir an sich wohl gefallen – nicht ohne ein gewisses Bedenken hinsichtlich seiner Opportunität gerade in diesem Augenblick. Wenn es in Saas-Fee eine Universität mit Studenten von heutzutage gäbe, könnten Sie vielleicht etwas erleben! Als unpoetisches Gegenstück lege ich Ihnen hier die sieben Lebensregeln[35] bei, die ich vor etwa zwei Jahren (als mich selbst angehend) verfaßt habe und die nun doch – wie figura zeigt – in eine gewisse Öffentlichkeit gelaufen sind. Auch S. 38ff. und 42ff. des Heftes könnten Ihnen lesenswert erscheinen.

Dietrich Bonhoeffer habe ich wohl gekannt. Was er, wenn er länger gelebt hätte, weiter gedacht, gewollt und vorgebracht hätte, kann kein Mensch sagen. Die Fragmente seiner Theologie (besonders aus seinen letzten Jahren) sind leider Mode geworden. Maßgebend zu seiner Kenntnis ist die große Biographie von Eberhard

Bethge (Christian Kaiser Verlag, München). Daß gerade der Naturwissenschaft die Schuld an dem gegenwärtigen geistig-geistlichen Debakel zuzuschreiben sei, würde ich Max Born nicht nachsagen. Umgekehrt würde ich wohl gerne zugeben, daß die *Natur* objektiv einen – von uns Menschen übersehenen oder mißverstandenen – Gottesbeweis führt, würde aber nicht wagen, dasselbe von der (alten oder modernen) Natur*wissenschaft* zu behaupten.

Ich verstehe Ihre ästhetische Beschwerde gegen die nachkonziliare katholische Liturgie. Das von Ihnen angeführte Beispiel («angeleitet durch göttliche Belehrung») ist in der Tat schlimm. Aber nicht wahr, die Gestaltung der Liturgie ist nun einmal erstens, zweitens und drittens ein kirchlich und also theologisch zu würdigendes Problem. Konnte und durfte es den Katholiken in Ghana oder Korea, aber auch denen in Basel und im Wallis auf die Länge zugemutet werden, sich lateinisch erbauen zu lassen? Und – froh, daß ich überhaupt nicht in die Lage komme, den Rosenkranz zu beten, würde mir das «unter den Weibern» angesichts der heute mit dieser Wendung verbundenen Assoziationen («da werden Weiber zu Hyänen», «Behütet euch vor Weibertücken ...» etc.) wirklich schwer oder gar nicht über die Lippen gehen.

Schleiermacher: wenn Sie zu mir kommen, werde ich Ihnen zwei meiner Bücher zeigen, in welchen ich ihn, so gut ich es konnte, darzustellen versucht habe.[36] Wenn sie Ihnen irgendwie gefallen, werde ich sie Ihnen mit Vergnügen zusenden lassen. Vorläufig behandle ich den Mann mit Lust (in altem Liebeshaß und in noch älterer Haßliebe) mit vielen studentischen Knaben und Mägdlein in meinem Seminar. Zwei Sitzungen liegen schon hinter mir.

Schönen Dank, daß Sie sich die Mühe machten, mir wegen des «Institut de France» einen besonderen Brief zu schreiben! Mein Lebensgefühl hat sich durch diese Erhöhung in keiner Weise verändert. Und auch mein Darm und meine Blase, dieses unwürdige Geschwisterpaar, haben in ihren Gesprächen untereinander nicht die geringste Notiz davon genommen.

[...]

Von mir wäre auch allerhand zu erzählen. Zum Beispiel von der ganz ordentlichen Gruppe von römisch-katholischen Vikaren, mit denen ich nun schon zum zweiten Mal eine muntere mehrstündige Konferenz hatte – ferner vom Besuch einer Verrückten aus St. Gallen, die sich für das Sonnenweib von Apok. 12 und also für eine Re-Inkarnation der Maria hält – ferner von einem reichlich unreifen Theologie-Beflissenen aus Kanada, der mich heute morgen u.a. fragte: was nach mir die Vernunft für meine Theologie bedeute? Antwort: Ich brauche sie!

Kennen Sie das erschütternde Buch über die Ausgrabungen von Masada[37], der Wüstenfestung am Toten Meer, wo im Jahr 73 nach Christus (drei Jahre nach dem Untergang von Jerusalem) 930 Juden am Ende ihres Kampfes gegen die Römer sich selbst samt Frauen und Kindern ums Leben brachten, um ihre Feinde wenigstens so um ihren Triumph zu bringen? Was ist doch schon Alles passiert auf Erden! und was kann und wird da noch weiter passieren! Lauter Gegenstände für

Meistererzählungen und Meisterdramen, lieber Dichterfreund!

Nun, wir werden uns ja schon bald sehen und sprechen. Trotzdem wollte ich Einiges, schon damit wir sofort Stoff haben, auch schriftlich vor Ihnen ausbreiten. Wenn Sie da sein werden, möchte ich aber dann vor allem Ihnen zuhören.

In großer Vorfreude und mit allen guten Grüßen und Wünschen Ihr Karl Barth

*Lebensregeln für ältere Menschen im Verhältnis zu jüngeren*

1. Du sollst dir klar machen, daß die jüngeren, die verwandten oder sonst lieben Menschen beiderlei Geschlechts ihre Wege nach ihren eigenen (nicht deinen) Grundsätzen, Ideen und Gelüsten zu gehen, ihre eigenen Erfahrungen zu machen und nach ihrer eigenen (nicht deiner) Fasson selig zu sein und zu werden das Recht haben.

2. Du sollst ihnen also weder mit deinem Vorbild noch mit deiner Altersweisheit, noch mit deiner Zuneigung, noch mit Wohltaten nach deinem Geschmack zu nahe treten.

3. Du sollst sie in keiner Weise an deine Person binden und dir verpflichten wollen.

4. Du sollst dich weder wundern noch gar ärgern und betrüben, wenn du merken mußt, daß sie öfters keine oder nur wenig Zeit für dich haben, daß du sie, so gut du es mit ihnen meinen magst und so sicher du deiner

Sache ihnen gegenüber zu sein denkst, gelegentlich störst und langweilst und daß sie dann unbekümmert an dir und deinen Ratschlägen vorbeibrausen.

5. Du sollst bei diesem ihrem Tun reumütig denken, daß du es in deinen jüngeren Jahren den damals älteren Herrschaften gegenüber vielleicht (wahrscheinlich) ganz ähnlich gehalten hast.

6. Du sollst also für jeden Beweis von echter Aufmerksamkeit und ernstlichem Vertrauen, der dir von ihrer Seite widerfahren mag, dankbar sein, du sollst aber solche Beweise von ihnen weder erwarten noch gar verlangen.

7. Du sollst sie unter keinen Umständen fallen lassen, sollst sie vielmehr, indem du sie freigibst, in heiterer Gelassenheit begleiten, im Vertrauen auf Gott auch ihnen das Beste zutrauen, sie unter allen Umständen lieb behalten und für sie beten.

Saas-Fee, 12. Mai 1968

Lieber Freund,

bevor ich mich dem Bruderholz nahen darf, will ich Ihnen durch den beiliegenden Durchschlag eines Briefes an den Dekan Prof. Geiger[38] zur Kenntnis bringen, wie es um mich steht. Sie werden enttäuscht sein, aber Sie werden auch das gütige Verständnis dafür haben, daß es Zeiten gibt, in denen man nicht ‹predigen› kann und auch nicht diskutieren. Die Diskussion mit mir selbst, die ich derzeit in meiner Arbeit und in meinem täglichen Leben führe, ist dafür noch viel zu ungeklärt und widerspruchsvoll, – wenn auch nicht ohne eine schon sichtbare Küste: aber ich stehe jetzt nicht auf festem Gelände, ich schwimme. Und ich danke Gott, daß er mich wieder einmal ins stürmische Wasser geworfen hat. Ich sage diese Diskussion bestimmt nicht aus Bequemlichkeit ab, sondern aus Gewissenhaftigkeit. Zu Ihnen darf ich dann wohl darüber sprechen. Wer schwimmt, soll den Mund halten, bis er ein Ufer oder wenigstens ein festes Floß erreicht hat.

Daß ich Ihre Frau nicht antreffen werde, tut mir leid, aber die Hauptsache ist, daß sie sich wirklich gut erholt, und wie schön, daß Sie eine gute und tüchtige Haushälterin gefunden haben! Leider wird auch meine Frau nicht mitkommen können, was sich erst gestern entschieden hat, weil sie einen Rückfall der bösartigen Hals- und Mandelentzündung bekommen hat, an der sie schon seit einiger Zeit laboriert. Der Arzt verlangte noch eine Woche Bettruhe und Behandlung, wie sie auf einer Reise nicht möglich wäre. Nun haben auch wir glücklicherweise eine treffliche Haustochter, ein Walliser Mädchen von bester Art, so daß sie alle nötige Pflege hat und sich gerade in den Tagen meiner Abwesenheit völliger Ruhe hingeben kann. Mir selbst macht Bruder Leib auch manchmal zu schaffen, aber nur am Rande, durch gelegentliche Anfälligkeit mit Kreislauf, Blutdruck und dergleichen – auch muß ich von Basel aus zu einer urologischen Untersuchung nach Zürich, ohne daß besondere Beschwerden mich dazu zwingen würden: es handelt sich um eine alljährlich um diese Zeit fällige Kontrolle – Röntgen-Urographie undsoweiter –, die nötig ist, seit ich vor drei Jahren eine sogenannte multilaterale Zyste aus dem Nierenbecken herausoperiert bekam, auch zeigt die leidige Blase gewisse Alterserscheinungen. Sie kennen das vom eignen Leib auf schlimmere Weise, bei mir sind das bis jetzt alles Lappalien, mit denen ich ganz munter leben kann und die mich in der Arbeit kaum stören.

Ich werde am Mittwoch früh (nicht *zu* früh) bei Ihnen anrufen, damit wir absprechen können, wann ich kommen darf. Und ich bitte nochmals, daß Sie sich und Ihrer Haushälterin mit der ‹Bewirtung› keinerlei Umstände machen. Ich bin ja kein notorischer ‹Gourmet› oder ‹Gourmand›, das muß man für Feiern und festliche Gelegenheiten aufsparen, damit es eben nicht alltäglich wird, – und die großen Weine meiner Heimat, auch die französischen, trinke ich nur noch ganz selten. Mein tägliches Getränk sind leichte reine Landweine, an denen man nicht nippen muß, sondern die man trinken kann, ohne die Gläschen zu zählen.

Ihre Ratschläge für den Umgang älterer Leute mit jüngeren sind natürlich ganz richtig, und ich halte das auch nicht anders. Was ich in meinem Verslein meinte, ist ja wirklich der Umgang mit Kindern. Wenn man in Amerika gelebt hat, und gesehen, an unzähligen Beispielen, welches *Unrecht* den Kindern angetan wird, indem man sie, hinter mißverstandene psycho-analytische Maximen versteckt, zu kleinen Tyrannen und launischen Despoten werden läßt, vor denen Erwachsene, aus purer Bequemlichkeit, kriechen oder sie mit übertriebenen Geschenken zu bestechen versuchen, nur um ihre Ruhe zu haben, und wie sich das dann an den autoritätslos aufgewachsenen unglücklichen Halbwüchsigen auswirkt, wenn sie den Härten des Lebens konfrontiert werden, so hat man genug davon, – und gerade das greift nun hierher über, wie überhaupt das negativ ‹Amerikanische›, auch im Sprachlichen, bei uns aufgesogen wurde (auch in der Reklame, der Berichterstattung, den ekelhaften Illustrierten), statt der aufrichtigen Humanität und des guten Willens, von dem – mag man's glauben oder nicht – eine Mehrheit der Amerikaner beseelt ist. Es ist grausig, wie sich die Bilder von Völkern und Nationen im Zug der Machtpolitik und ihrer unkontrollierbaren Propaganda verzerren und entstellen. Aber Jeder kann ja nur versuchen, vor der eignen Tür zu kehren.

Ich pflichte Ihnen vorbehaltslos bei, daß die Liturgie eine theologische und keine ästhetische Angelegenheit ist. Ich habe auch weniger an das ‹Schöne› der lateinischen Meßgesänge gedacht, als an das Universale. Vielleicht aber kann eine alte Sprache in einer ‹pluralistischen› Welt nicht mehr die universale Aufgabe erfüllen. Übrigens: am Ostersonntag (wir fuhren erst Dienstags nach Rom) wurde hier plötzlich, von einem auswärtigen Pater, das Hochamt – mit Ausnahme des Evangeliums und einiger Gebete – wieder ganz auf lateinisch und nach den überkommenen Weisen zelebriert, und unser Chor schmetterte sein «Kyrie Eleison» und «Deo Gratias» mit fühlbarer Freudigkeit. Hinterher hörte ich viele Hiesige, also keine ‹Ästheten›, sagen: das war doch wieder einmal eine schöne Messe! Aber das mögen die Alten, Älteren oder Mittelalten sein. Die Jugend gewöhnt sich rasch ans Deutsche (noch lieber allerdings, wenn es gleich Wallisru-

Sprache wäre, was wieder die Anderen nicht verstünden). Hauptsache, daß sie überhaupt noch kommen. Es gibt da hier so eine Gruppe junger Männer (die Mädchen würden sich nicht trauen), die ostentativ mit dem Hut auf dem Kopf draußen bleiben und Zigaretten rauchen, bis das Amt vorbei ist. Das sind aber auch keineswegs Sozialisten etwa, sondern ‹Fortschrittler› (worunter sie Geldverdienen verstehen).

Wie wär's, wenn wir Mittwoch am späteren Nachmittag zusammen kämen, und den Abend anhängen würden, so lang's Ihnen wohl tut? Die Theaterkarten sind an Sie unterwegs. Ich hoffe nur, daß das lange Hocken in einem voluminösen Stück Sie nicht zu sehr anstrengt!

Mit allen guten Wünschen und Grüßen an die Ihren – auf bald! Ihr Carl Zuckmayer

Mit dem Abend des 17. bin ich noch nicht sicher, ich bin schon von anderen guten Bekannten für diesen Abend eingeladen und weiß nicht, ob ich da absagen kann.

*Wie* die Aufführung am 16. wird, weiß ich nicht, und habe da auch keinen Einfluß drauf. Den kann man nur haben, wenn man schon beim Probenbeginn anwesend ist.

Saas-Fee, 5. Juni 1968

Lieber Freund und Kirchenvater vom Bruderholz!

Unser Aufenthalt in Zürich hat sich etwas länger hingezogen, und ich kam dort nicht zum Schreiben, sonst hätte ich mich längst noch einmal schriftlich für den schönen und harmonischen Abend bei Ihnen bedankt. Als wir nun, gerade noch rechtzeitig zum Pfingstfest, hier ankamen, fand ich Ihren Rundbrief an die Freunde, die Ihnen zu Ihrem 82. Geburtstag Freude gemacht hatten, und habe mich nun wieder und doppelt zu bedanken, für die gütigen und wahrhaft freundschaftlichen Worte, mit denen Sie mich darin bedenken.[39] Fast machen Sie mich, wie man bei uns in Hessen sagen würde, «e bisje schamrötlich», – denn auch ich kenne mich aus der Nähe und habe meine gewissen Zweifel, ob ich ein Mensch sei, wie ein Mensch sein sollte, und ob ich genug darnach strebe. Aber daß Sie bei mir die Möglichkeiten dazu sehen, die ernsten und die heiteren, ist eine Ermutigung und ein neuer Anstoß.

Hätte ich gewußt, daß Sie am 10. Mai Geburtstag hatten, so hätte eine rheinhessische oder Rheingauer Weinblume nicht unter den Gaben gefehlt. Ich habe mir nun das Datum für den 83., und hoffentlich noch einige weitere, notiert. Der Abend bei Ihnen, der Ihnen hoffentlich nicht zu lang geworden ist, war der Höhepunkt meines Basler Besuchs, – obwohl ich auch andere liebe und gescheite Menschen traf, z.B. Doris von der Mühll, die Schwester Carl Jacob Burckhardts. Aber in Ihrer Studierstube war ich gleich ganz zu Hause. Ich finde, ein Raum kann nicht wohnlicher sein, als wenn Buchrücken die Wände bilden (wobei mir die prächtig gebundene Ausgabe Ihrer «Dogmatik» besonders imponiert hat), und wenn er von der Atmosphäre der stillen Arbeit durchwirkt ist – durch das Schweben des Pfeifenrauchs gegenständlich gemacht. So ähnlich stelle ich mir die Arbeitsstube von Jacob Grimm vor, nur daß sie etwas größer gewesen sein muß, da es in den Erinnerungen seines Neffen heißt, daß er darin immer «mit langen Schritten auf und ab gegangen sei». Zum Thema Schleiermacher sind wir übrigens nicht mehr gekommen, aber ich hoffe, Sie werden Ihre Seminarvorträge über ihn schriftlich niederlegen. Ich war sehr glücklich, Ihr Heim im Bruderholz und auch das Gertli[40] mit einem Blick gesehen zu haben, und die Freunde, die Sie eingeladen hatten, mochte ich herzlich gern – den trefflichen Dr. Briellmann, und das reizende Ehepaar Busch – die Frau das, was ich in meinen älteren Jahren einen ‹Augentrost› nenne. Auch will ich Frau Stöckli nicht vergessen, und bin froh, Sie und Ihre Frau in so guter, fürsorglicher Obhut zu wissen. Nochmals Dank für diese Stunden. Ich schlief nachts ein mit dem Gefühl, etwas reicher geworden zu sein.

Von dem Theaterabend möchte ich eher das Gegenteil sagen. Aufführung und Stück wirkten auf mich problematisch und beklemmend, und ich konnte an dem Beifall des Publikums keine rechte Freude finden. Natürlich muß man als Autor, wenn man schon gekommen ist, gute Miene zum zweifelhaften Spiel machen und darf den Theaterleuten, die es ja gut meinen, nicht den Spaß verderben. Aber ich sah vor einem Jahr eine Aufführung des «General» in Berlin, eine der letzten Inszenierungen meines im Dezember 67 verstorbenen Freundes Hilpert, in der er auf jeden Klamauk verzichtete und – unter Verzicht auf manches Wirksame im ersten Akt – schon hier den Ernst und die Tragik spüren ließ, – es saß da sozusagen das Gerippe mit am Tisch, wie es bei platonischen Gastmählern der Fall gewesen sein soll. In dieser Form hatte es auch eine starke Wirkung auf die jungen Menschen, und ist dort heute noch im Spielplan. Aber die vitale ‹Aktualität›, die es vor 20 Jahren hatte, ist dahin. Die politischen Witze des Harras, die damals noch eine bittere Schärfe oder auch Kühnheit hatten, werden heute kaum mehr verstanden. Wenn er damals sagte: «Das walte Himmler», so schreckte man immer noch zusammen (denn kurz vorher ‹waltete› er noch, mit dem Fallbeil). Heute ist das alles nicht viel anders, wie wenn sich Jemand über den Schweizer Bundesrat Chaudet lustig machen würde. Genug davon. Für mich war das eine ganz gesunde kalte Dusche. Sie hat mich doppelt darin bestärkt, daß ich jetzt, gerade jetzt, noch einmal *auf ganz andere Weise* an diesen Stoffkreis, das heißt an die Konzeptionen und Hoffnungen – auch an die Kontraste, aber vor allem an das Beispiel und Erbe dieser Männer heran muß, die sich damals geopfert haben. Das ist eine harte Arbeit, und zunächst ein Versuch. So help me God, sagen die Amerikaner.

Bei der ‹kalten Dusche› fiel mir ein, daß auch ich[41] mich jeden Tag zweimal mit dem kalten Wasser der Saaser Hochleitung begieße, sommers und winters. Hoffentlich kann ich das in Ihrem Alter auch noch. Übrigens hatte die urologische Untersuchung in Zürich ein günstiges Ergebnis. Vorläufig braucht an eine Operation nicht gedacht zu werden, die Funktionen sind zufriedenstellend. Von internistischer Seite wurde mir gesagt: wenn Sie das Trinken und das Rauchen aufgeben könnten, ließen sich auch die gewissen Störungen mit Blutdruck und Kreislauf beseitigen. Ich meinte aber: dann wäre ich *zu* gesund, und das scheint mir im Alter lebensgefährlich. Man stirbt dann an einem Schnupfen. So lebe ich weiter wie gewohnt, so lang's mich an der Arbeit und am Wandern nicht hindert.

Die Hauptsache, daß Sie gute Nachricht vom Ergehen Ihrer Frau haben, und daß sie gründlich erholt aus den Bergen zurück kommt. Die meine läßt Sie beide von Herzen grüßen.

So seien Sie nochmals bedankt für Ihre Gastfreundschaft und für die guten Worte in Ihrem Schreiben, mit allen guten Wünschen Ihres Carl Zuckmayer

Basel, den 29. Juni 1968

Lieber Freund!

Der Monat Juni nähert sich seinem Ende, und bevor dieses da ist, möchte ich Ihnen doch auf Ihren guten Brief vom 5. geantwortet haben.

Es war und ist mir eine richtige Freude, daß es Ihnen trotz allem in unserem – mit Ihrem Berghaus in Saas-Fee auch nicht von ferne vergleichbaren – Haus wohl gewesen ist und daß auch die paar näheren Freunde, die ich damals zu Ihrer Begrüßung herbeigerufen habe, bei Ihnen in guter Erinnerung sind. Ihres Besuches wird denn auch hier je und je mit besonderem Vergnügen gedacht. Der Name «Augentrost», den Sie auf Frau Busch-Blum angewendet haben, entspricht durchaus dem, was auch ich – von ihren sonstigen Qualitäten abgesehen – von ihr halte. Er wird nun wohl, weil von einem solchen Kenner wie Sie ihr beigelegt, an ihr hängen bleiben.

Sehr gerne habe ich auch erfahren, daß die Zürcher Heilkünstler Sie ohne schwereren Verdacht entlassen haben. Was die Ermahnungen betrifft, die man Ihnen dort auf den Weg gegeben hat, so denke ich wie Sie: was den Menschen wirklich erfreut, das tut ihm – auf irgendeinem der komplizierten Wege zwischen Seele und Leib – auch gut. Doch denken Sie bei dem Genuß der bewußten guten Gaben Gottes auf alle Fälle daran, daß wir Sie gerne noch lange mit uns im «Lande der Lebendigen», wie es im Alten Testament heißt[42], sehen würden.

Es beruhigt mich, von Ihnen selbst zu hören, daß auch Sie bei der Basler Aufführung von «Des Teufels General» auch darum nicht so recht glücklich waren, weil auch in Ihrer Sicht die Situation von 1933–45 nun einmal nicht mehr unsere Situation ist, ihre Probleme, so sehr sie uns damals brannten, heute nicht mehr unsere Probleme sein können. Die Wirkung Ihres «Seelenbräu», den Sie sich ja, wenn ich recht dran bin, wie den «General» als amerikanischer Emigrant vom Herzen geschrieben haben[43], wird, weil er in der ganzen lokalen Gebundenheit seines Stoffes etwas Zeitloses aus- und anspricht, nach meiner Vermutung eine viel dauerhaftere sein als die des (damals!) viel aktuelleren «Generals».

Und das bringt mich auf meine schon einmal ausgesprochene Sorge im Gedanken an das neue Werk, das Sie nun unter den Händen haben. Ich zweifle nicht daran, daß es als ein Produkt Ihres nach allen Seiten so offenen, tiefen und munteren Geistes eine in seiner Art große und schöne Sache werden wird. Aber der Stoff, der Stoff? Ich fürchte ganz schlicht, daß die 1944 verunglückte Verschwörung auch in der interessantesten Deutung und Darstellung, in der Sie sie sicher zur Sprache bringen werden, Ihrem Werk in den Augen und Ohren der heutigen Zeitgenossen eine bei allem Respekt vor Ihrem Wollen und Können mehr als edelmuseale Wirkung nicht verschaffen können wird. Wen werden Sie heute, da die Gedanken der Besten im besten Fall um Vietnam, Paris, Biafra oder Bonn (Notstandsgesetze!) kreisen, für die innere Problematik des «Kreisauer Kreises»[44] erwärmen können? Mag diese eine in gewissen Grenzen höchst bemerkenswerte Vergangenheit haben – aber denken Sie im Ernst, daß sie auch eine Zukunft hat, es also verdient, als Licht auf unserem Wege aufs Neue auf den Leuchter gestellt zu werden? Ich erinnere mich noch, wie wenn es heute wäre, wie mir 1942 die Andeutungen, die mir Dietrich Bonhoeffer damals persönlich über das Unternehmen bzw. über die ihm vorangehenden Gespräche gab, den Eindruck eines hoffnungslosen passé machten. Und als sich dann 1945 der einzige Überlebende von 1944, der heutige Bundestagspräsident – den ich für keinen guten Mann halten kann – als Prophet jener Sache ausgab und benahm, stellte sie sich mir bei aller menschlichen Teilnahme am Geschick ihrer Träger erst recht als eine Sackgasse dar, aus der mir keine Verheißung für die Nachwelt entgegenzustrahlen schien. Bis auf bessere Belehrung selbstverständlich! Wird Ihr jetzt in Angriff genommenes Werk sie mir und den anderen heutigen Zeitgenossen bringen? Ein Buch, in dem ich gegenwärtig lese, könnte mindestens wegen seiner Aufweise der größeren geschichtlichen Zusammenhänge, in die

die auch Sie beschäftigende Episode gehört, interessieren: O.-E. Schüddekopf, «Linke Leute von rechts» (Kohlhammer 1960). Aber vielleicht kennen Sie es schon.

Hier gehen die Dinge ihren nach Umständen gut zu nennenden Weg. Meine Frau ist nach fünf Wochen in Adelboden erfreut und gestärkt zurückgekehrt. Mein Problem besteht nun darin: ihr möglichst viel für sie erfreuliche Ruhe zu verschaffen und sie von allen eigentlichen physischen Arbeiten abzuhalten: alles nicht ganz einfach. Ich selbst kann relativ ruhig und zufrieden meine kleinen Werke als Emeritus verrichten. In diesem Frühling und Sommer beherrschte neben meinen ökumenischen Bemühungen – ich sandte Ihnen neulich ein Spezimen in der «Orientierung»[45] – Schleiermacher die Szene. Sie bekommen, wenn es soweit sein wird, eine (nicht von mir veranstaltete) Auswahl aus seinen Werken mit einem längeren Nachwort von mir[46]: eine etwas autobiographisch gefärbte Übersicht über meine eigene Geschichte mit diesem vor 200 Jahren geborenen Mann. Haben Sie gelesen oder am Radio gehört, daß die Akademie für Dichtung und Sprache mir einen «Sigmund Freud-Preis» zugesprochen hat: «preiswert» sei nämlich meine «Sprachkraft» in «wissenschaftlicher Prosa». Ich werde diesen Preis Ende Oktober (wenn ich dann noch lebe), von Frau und Doktor begleitet, in Darmstadt abholen und dann natürlich nach Mainz fahren, um unsere Dortigen zu besuchen und bestimmt auch den Dom zu besichtigen, in welchem sich laut Ihrer Meistererzählung[47] jenes Schreckliche zugetragen hat.

Haben Sie eine plausible Erklärung des Faktums, daß der Ihnen bekannte «Dank und Gruß»[48] zwar von meiner Frau und von den verschiedensten Fernerstehenden mit demselben Vergnügen gelesen wurde, in dem ich ihn geschrieben habe, daß er aber in der übrigen engeren Familie auf eine gewisse Ablehnung stieß? Vielleicht, weil die mich aus allzu großer Nähe kennen?!

Am letzten Montag habe ich vier Stunden lang einem siebenköpfigen Televisionsteam standhalten müssen. Aber dieses Spiel kennen Sie sicher so gut wie ich aus langer Erfahrung. O tempora, o mores!

Damit genug geschwätzt. Ich grüße Sie herzlich und treulich und bitte Sie, mich auch Ihrer Frau freundlich in Erinnerung zu rufen Ihr Karl Barth

Saas-Fee, 6.8.1968

Lieber Freund,

herzlichen Dank für die Dedikation des Schleiermacher mit Ihrem Nachwort. Ich bin auf die Lektüre gespannt, die ich mir für den Herbst aufhebe, – derzeit wimmelt es bei uns von Besuchern. Ich hoffe, Sie und Ihre Frau sind bei bester Gesundheit, und grüße Sie beide mit allen guten Wünschen.

Ihr Carl Zuckmayer

Basel, 26.9.1968

Lieber Freund!

Es beginnt, mich leise zu beunruhigen, seit meinem letzten Brief vom 29. Juni nur noch durch eine freundliche Karte, die Sie mir zuwenden wollten, von Ihnen gehört zu haben. Hoffentlich hat das nichts zu tun mit einer vielleicht eingetretenen Verschlechterung Ihrer Gesundheit, die ja wie meine eigene nicht eben auf eisernen Füßen steht! Und ebenso schlimm wäre es, wenn mein letzter Brief bei Ihnen Unlustgefühle erweckt haben sollte wegen der Stelle, in der ich Ihnen mein gewisses Bedenken gegenüber dem Plan Ihres nächsten größeren Werkes meinte aussprechen zu sollen. Ich kann mir ja wirklich lebhaft vorstellen, daß ein Dichter und Denker wie Sie es nicht gern haben könnte, sich, wenn er nun einmal mit einer bestimmten Idee schwanger geht, von einem Dritten in so unerbetener Weise, wie ich es getan habe, Bedenken im Blick auf die bevorstehende Geburt vortragen zu lassen. Wer bin ich schon, um Ihnen auf Ihrem eigensten Gebiet, auf dem ich ja wirklich nichts zu melden habe, dreinreden zu dürfen? Also, wenn Ihr längeres Schweigen mit jener Briefstelle zusammenhängen sollte, so will ich mir – si tacuissem, philosophus mansissem – nachträglich auf den Mund geschlagen und also nichts zu jener Sache gesagt, sondern Sie nur eben versichert haben, wie sehr mich das, was Sie geschaffen haben und noch schaffen werden, bewegt und beschäftigt: fast, «als wär's ein Stück von mir».

Das Bild meiner eigenen Existenz in den letzten Monaten ist ungebührlich, aber unvermeidlich beherrscht von Ereignissen, die sich in den weniger ehrenhaften Teilen meiner Leiblichkeit abgespielt haben. Mein Freund Dr. Briellmann hat mir tatsächlich das Leben gerettet, indem er darauf tippte, daß es sich um eine gefährliche Darmverwicklung mit drohenden Durchbrüchen handeln müsse, was sich dann in einer fast sofort vorgenommenen Operation (in derselben Nacht, in der die Russen etc. in der Tschechoslowakei einmarschierten![49]) als richtig herausstellte. Die Ärzte vom Bürgerspital haben in ihrer Weise Wunder getan und da drunten die wildgestörte Unordnung wieder hergestellt: nach ihrer Mitteilung für weitere 30 (!) Jahre. In den auf die Aktion folgenden Stunden soll ich nach Aussage der mich betreuenden Nachtschwester ununterbrochen hohe, ihr unverständliche ökumenische und sonstige Theologie geredet haben. Wie, wenn ich bei diesem Anlaß alte und neue Liebesgeschichten aus meinem langen Leben zum Besten gegeben hätte?! Nun, es folgten dann 16 Tage Spital mit viel künstlicher Ernährung, Durst (ich weiß jetzt erst, was Durst ist!) und reichlicher Penicillin-Zufuhr. Aber ich bin noch einmal davongekommen und stehe nun vorläufig noch richtig ermattet vor der Frage, ob unser Vater im Himmel mir mit dem Allem einen Wink geben wollte: ich solle mich fortan stille verhalten und das Mitreden den jüngeren Generationen überlassen – oder im Gegenteil: daß mir jetzt noch einmal eine Gnadenfrist gegeben sei, die ich dazu verwenden solle, im Dienst einiger Nebenzwecke (wie ich es im Sommer in jenem Nachwort zu Schleiermacher versuchte), so gut oder schlecht es gehen mag, von diesem meinem Schreibtisch her noch ein bißchen mitzutun?

Was mögen Sie sich für Gedanken gemacht haben und noch machen zu der derzeitigen Jugendunruhe in aller Welt? Und zu jenem Eingreifen der Sowjets im nächsten Osten? Und zu Biafra? Und zu der Pillen-Enzyklika[50] des sicher wohlmeinenden, aber ebenso sicher weder sehr weisen noch sehr energischen Paul VI. (an den ich übrigens, aber in anderer Angelegenheit, auch wieder einen Brief zu kanzeln habe[51])? Und zu dem, was am Suez-Kanal (ungefähr dort, wo einst der Pharao ertrank und wo dann Mirjam ihr Siegeslied gesungen hat[52]) zu drohen scheint? Sollte die Wiederkunft des Herrn (unde iterum venturus est) nicht wieder einmal dringlich zu postulieren sein? Eberhard Busch (der glückliche Gatte von Frau Augentrost) arbeitet an einem theologischen Meisterwerk über einen Menschen aus dem 18. Jahrhundert[53], der neben Anderem und Wichtigerem auch dadurch berühmt geworden ist, daß er aufgrund scharfsinniger Überlegungen das Eintreten jenes so sehr zu wünschenden Ereignisses genau auf das Jahr 1836 meinte voraussagen zu können. Was dann in jenem Jahr faktisch geschah, war das Erscheinen des «Lebens Jesu» von David Friedrich Strauß, der ebenso scharfsinnig nachzuweisen wußte, daß dieses «Leben» uns faktisch nur in einem Kranz von Mythen bekannt sei!

Praktische Fragen, die vor mir liegen: 1. Ob ich im Winter mein Kolloquium (diesmal über die Prädestinationslehre: mit und gegen Calvin) werde abhalten können? 2. Ob die Fahrt nach Darmstadt/Mainz Ende Oktober sich als durchführbar erweisen wird? Deus providebit.[54]

Mit herzlichem Gruß (Ihnen und allen Ihrigen)

Ihr Karl Barth

Saas-Fee, 26.9.1968

Lieber Freund,

zu meiner Besorgnis erfuhr ich heute durch Herrn Prof. Geiger, daß Sie eine Operation und einen Spitalsaufenthalt hinter sich haben. Ich will Sie nicht durch einen langen Brief ermüden, Ihnen nur sagen, wie sehr ich für Ihre Genesung hoffe und bete. Vielleicht befinden Sie sich jetzt bereits in jenem Zustand der Rekonvaleszenz, den ich nach einer schweren Erkrankung und Operation als einen besonders schönen, kontemplativen und gedankenreichen empfunden habe.

Ihnen und Ihrer lieben Frau, der es hoffentlich gut geht, die herzlichsten Wünsche und Grüße von uns beiden! Ihr Carl Zuckmayer

Saas-Fee, 6. Oktober 1968

Lieber Freund,

bitte, denken Sie um Gotteswillen nicht, daß eine Stelle Ihres letzten längeren Briefes, in der Sie so gütig waren, sich mit einem von mir gesprächsweise angedeuteten neuen Arbeitsplan abzugeben, und dazu Bedenken äußerten, bei mir irgendwelche Unlustgefühle geweckt habe oder wecken könne. Ich sehe darin nur freundschaftliche Teilnahme an meiner Arbeit, für die ich dankbar bin, ich gehöre nicht zu den Leuten, die nur Zustimmung vertragen können, ich bin auch für Kritik dankbar, wenn sie aus guter Gesinnung kommt. Mein langes Schweigen hatte nur damit zu tun, daß ich mich mit eben dieser Arbeit ungeheuer plage, immer wieder Zweifel und – teils innere, teils handwerkliche –

Schwierigkeiten überwinden und Klippen umschiffen muß, – und daß ich doch nicht davon los kann, obwohl ich manchmal nicht sicher bin, ob ich nicht etwas Unmögliches versucht habe und es eines Tages als Torso in den Kasten einschließen muß. Ich war im Sommer schon fast versucht, das Ganze abzubrechen und mich – endlich! – wieder der reinen Heiterkeit zu verschreiben, da kam die politische Krise im Osten und die dadurch entstandene Verwirrung der Geister in unseren eignen Bezirken, und ich empfand die Notwendigkeit, den Versuch zu einer Klärung möglicher Grundlagen (zu einer humanen und sozialen Gesellschaft, zu einem Konzept der ‹Freiheit des Christenmenschen›, der nach Luther auch ein «dienstbarer Knecht aller Dinge» ist) doch zu wagen. Jetzt in der goldenen Klarheit der Oktobertage glaube ich Licht zu sehen und wieder im Strom zu schwimmen. So help me God, sagen die Amerikaner. Die sagen das gewöhnlich, ohne sich etwas dabei zu denken, aber ich denke mir was: so Gott wirklich will, könnte es mir gelingen, auch in diesen strengen und herben Stoff noch einen Funken von Humor, einen Schimmer von Heiterkeit hineinzuzaubern. In 23 Heften liegen die Dialoge bereit, wie Tonreihen oder Akkorde, die noch nicht in Sätze gegliedert oder harmonisiert sind. Jetzt gilt es zu komponieren.

Gesundheitlich geht es mir ganz gut, woran eine gewisse Labilität nicht viel ändert, aber ich habe einen unruhigen Sommer hinter mir, sehr viele Besuche, und nicht immer so erwünschte, wie es der Ihre im vorigen Jahre war. Meine ‹Erinnerungen› haben mir nicht nur solche schönen und wertvollen neuen Freundschaften eingetragen, wie die Ihre oder die Verbindung mit Emil Staiger, sondern einen Schwarm von Neugierigen oder sogenannten ‹Verehrern›, mehr noch ‹Verehrerinnen›, die leider nicht immer als Augentrost in Erscheinung treten, und mehr zu Geschwätz als zu Gespräch hier eindringen, und da man sie nicht immer einfach abwimmeln kann, kostet das viel Zeit und Kraft. Auch das hat mich am Briefschreiben gehindert. So lange hier Hochsaison ist, stehen fast täglich Leute vorm Haus, um mich wenigstens beim Spaziergang zu erwischen und zu knipsen. Das ist ja zum Teil gut gemeint, aber sehr lästig. Jetzt im Herbst ist das anders, ich bin mit meiner Frau hier allein und kann mich auf die Arbeit konzentrieren. Ein unerwarteter Besuch war sehr anregend und erfreulich: der Bischof meiner Vaterstadt Mainz, Dr. Hermann Volk – vielleicht kennen Sie seine theologischen Schriften. Ein Mann von großem Wissen und weitem geistigem Horizont. Er las hier ein paar Mal die Sonntagsmesse, und bestieg tapfer den mit Neuschnee bedeckten Allalin. Sollten Sie Ihre Reise nach Mainz antreten können, werden Sie ihm vielleicht begegnen, und sich vermutlich gut mit ihm verstehen. Aber vielleicht sollten Sie mit einem so anstrengenden Unternehmen lieber noch abwarten, nachdem Sie diese schwere Darmoperation hinter sich haben. Aber ich glaube, der ‹Wink von Oben›, den eine so schwere Erkrankung und vor allem ihre fast wunderbare Heilung und Überwindung sicher bedeutet, will Ihnen vor allem Mut machen, noch weiter am Werk zu bleiben, und ich hoffe sehr, daß am Schreibtisch in der stillen Studierstube am Bruderholz schon wieder der Pfeifenrauch kräuselt, und der treffliche Dr. Briellmann auch manchmal wieder eine Flasche aufzieht!

Mit den liebsten und herzlichsten Grüßen und Wünschen für Sie und Ihre Frau, auch von der meinigen,

Ihr Carl Zuckmayer

Über anderes mehr, sobald's die Zeit erlaubt.

Saas-Fee, 7.11.1969

Lieber Herr Busch,

ich muß Sie sehr um Verzeihung bitten, ja ich bin beschämt, daß ich für Ihren mir so wertvollen Bericht (vom 18. Juli!)[55] und die beigelegten Schriften, Ihre Gedächtnisrede und die «Letzten Zeugnisse»[56], nicht längst gedankt habe. In Gedanken habe ich es viele Male getan, und kann zu meiner schwachen Entschuldigung nur vorbringen, daß ich im Juli durch Korrespondenz, Pflichtarbeiten und Besuche überlastet war, im August auf eine längere Reise ging, die mich zu solchen geographischen Extremen wie Südtirol und Stockholm führte, und als wir Ende September heimkamen, in einen makellosen Hochgebirgsherbst, brachen bei mir, wie immer um diese Jahreszeit und nach Reisen, alle Dämme und Schleusen – endlich ging wieder die produktive Arbeit los, deren vorübergehendes Versiegen, eine lange Ebbe, auf merkwürdige Weise auch mit dem Tod von Karl Barth zu tun hatte.

Die Voraussetzung Ihres Briefs vom 18. Juli ist falsch: ich habe Sie sehr genau in Erinnerung, und keineswegs nur als glücklichen Gemahl von Frau Augentrost (die Karl Barth in seinen letzten Briefen an mich mehrmals unter diesem Namen erwähnte). Außerdem kannte ich Sie bereits ‹gedruckt›, denn er hatte mir schon vorher Ihre Schrift «Humane Theologie»[57] geschickt, die ich mit größtem Interesse gelesen habe, und ich weiß also sogar, daß Sie 1937 in Witten geboren sind. Wollen Sie also bitte meinen verspäteten Dank als aufrichtig und, trotz flüchtiger Bekanntschaft, freundschaftlich empfinden.

Was Sie mir über die letzten Tage, mit ihrem friedlichen Licht, über den Heimgang des verehrten großen Freundes berichtet haben, war mir ein Geschenk, und eine große Erleichterung. Ich wußte nichts Näheres darüber und machte mir oft Gedanken, wie es ihm wohl geschehen sein mag: ob er vom Tod gemäht wurde, widerstrebend und kämpfend bis zum letzten Röcheln – was bei ihm, bei seiner trotzigen Lebenskraft, auch denkbar gewesen wäre –, oder mit sanfter Hand hinweggenommen. Ja, ich glaube, man darf da von einer Gnade im Tod sprechen – den ein großer Dichter einmal als «die mildeste Form des Lebens» bezeichnet hat, «der ewigen Liebe Meisterstück»[58]. Das Bild von seinen noch vom Nachtgebet gefalteten Händen begleitet mich wie eine tröstliche Erscheinung. Wer so sterben darf, in dem war die Liebe, die nicht wägt, sondern ist, stärker als der gerechteste Zorn. Ich habe ja von ihm nur Güte und Wärme erfahren, und die strenge, postulierende Art, in der er den Dialog führte, hat mir immer nur wohlgetan und mich bekräftigt. Obwohl ich sehr erschrocken war und wie nie zuvor einer Verantwortung bewußt, als er mir in einem seiner ersten Briefe schrieb, daß ich mit meinen «offenbar rein ‹weltlichen› Arbeiten ein priesterliches Amt ausgeübt habe und noch auszuüben hätte». Mir hat das damals einen ‹heiligen Schrecken› eingejagt, aber gleichzeitig empfand ich, wie wohltätig und notwendig ein solcher ist – in einem Lebensalter und nach Lebenserfahrungen, nach denen einen die ‹Welt› fast nicht mehr erschrecken kann. Doch ist der Schrecken so unerläßlich wie das Staunen – will man vor der Welt und ihrem Schöpfer nicht sprach-los werden.

Selten hat mich eine Todesnachricht so betroffen – die mir, nachdem er seine letzte Operation überstanden hatte, ganz unerwartet kam – und in mein eigenes Leben eingegriffen. An diesem Abend, im Bruderholz nämlich, an dem wir uns dann begegnet sind, war ich vorher ein paar Stunden mit ihm allein, und erzählte ihm von einem neuen dramatischen Plan – der ihm gar nicht gefiel. Es würde, in einem Brief, zu weit führen, das näher zu erläutern, aber seine Argumente waren überzeugend, und vor allem, sie nährten Zweifel an dieser Sache, die ich selbst schon gehegt hatte. Trotzdem setzte ich andere dagegen und wollte nicht einfach aufgeben. Zum Schluß sagte er dann: «Aber wenn Sie *müssen,* – dann versuchen Sie's doch! Ich wäre froh, wenn ich unrecht hätte.» – Ich versuchte es dann, immer mit dem Rückhalt oder Vorbehalt: sobald das eine erkennbare Form angenommen hat, fahre ich nach Basel, dann soll er Ja oder Nein sagen. Dafür blieb keine Zeit mehr. Sein Tod sagte mir: Nein. Ich habe den Plan aufgegeben, und war im Brachfeld. Jetzt glaube ich: zu meinem Besten.

Ihre Grabrede hat mich sehr ergriffen, – und ich bin glücklich, die «Letzten Zeugnisse» zu besitzen. Wie schön, daß seine letzte, unvollendete Arbeit den Titel trägt: Aufbrechen – Umkehren – Bekennen[59]!

Ich hatte noch einen Grund, mein Schreiben an Sie so lange hinauszuzögern. Denn ich wollte dem eine Arbeit beilegen, mit der ich mich seit seinem Tod trage, sie soll heißen: «Bericht von einer späten Freundschaft», und ich hatte sie eigentlich schon in dem Erinnerungsblatt der «Neuen Zürcher Zeitung» im letzten Frühjahr veröffentlichen wollen. Doch bin ich bei einem Stoff, der mir persönlich so nahegeht, ein langsamer Arbeiter, das brauchte noch mehr Abstand und Reifezeit. Ich hoffe das nun bis zum 10. Dezember dieses Jahres ausführen und herausgeben zu können.

Seien Sie und Ihre liebe Frau sehr herzlich gegrüßt, ich wünsche Ihnen Gesundheit und jene starke Heiterkeit der Seele, die von dem alten Pfeifenraucher im Bruderholz so wunderbar ausstrahlte.

Ihr Carl Zuckmayer

## BERICHT VON EINER SPÄTEN FREUNDSCHAFT

### *In memoriam Karl Barth*

Wie sich das oft ergibt, gerade bei besonderen Anlässen, begann diese Begegnung damit, daß sie um ein Haar gar nicht stattgefunden hätte. Ich hatte mich, im Frühling 1967, auf eine längere Italienreise begeben, und zwar zum Teil aus Gründen der Postflucht. Sechs Monate nach dem Erscheinen meiner Erinnerungen war die Flut der Zuschriften derart angeschwollen, daß meine Frau und ich schon beim täglichen Anrücken des Briefträgers zusammenbrachen. «Keine Post nachsenden», war die Devise dieser Fahrt, die mir auch Zeit geben sollte, darüber nachzudenken, ob mein Buch wirklich so schlecht sei, um eine solche Leser-Explosion zu entfesseln. Daheim sortierte eine ordnende Hand den täglichen Segen, von der ich annahm, daß sie die Spreu vom Weizen zu trennen wisse. Das wäre beinahe fatal geworden. Aber es fiel – zufällig oder nicht? – nach meiner Rückkehr ein dickes Dossier zu Boden, das die ordnende Hand beschriftet hatte: «Übliche Briefe von Unbekannten, summarisch zu beantworten.» Beim Aufheben entdeckte ich *diesen* Brief und starrte ungläubig auf den Namen des Absenders. Konnte das sein, daß dieser «Unbekannte» wahrhaftig Karl Barth war?

«Jemand hat mir Ihr Buch ‹Als wär's ein Stück von mir› geschenkt», begann dieser Brief. «Ich habe es in einem Zug gelesen, und nun muß ich Ihnen sagen ...» Was er mir sagte, war nicht das Übliche. Es war ein Anruf, der mich traf und betraf wie selten ein anderer.

«Ich genoß zunächst einfach die Sprache» – und dann führte er aus, wie und weshalb die Lektüre ihn beeindruckt hatte. Es klang in dieser Ausführung etwas ganz Merkwürdiges an – nicht nur Verständnis und Wärme, sondern ein fast kindliches, unverhohlenes Erstaunen. Wie wenn jemand zum ersten Mal einen Zoo besucht hätte. «Ich bin ja noch viel mehr als Sie ein Kind des 19. Jahrhunderts, und die moderne Welt der ‹Schönen Literatur›, des Theaters, des Films, auch die der – wie soll ich es nennen – Edelbohème hat mich zwar berührt, aber nie aus der Nähe erfaßt und bewegt ...»

Dann aber kam das Erstaunlichste: er hielt es für nötig, sich vorzustellen! «Ich bin evangelischer Theologe» – es folgte, in Stichworten, ein schlichter Lebenslauf, in dem hauptsächlich der Anfang, seine Zeit als «richtiger Pfarrer» in Genf und im Aargau betont war. «Ich habe viele dicke und dünne Bücher theologischen und – erschrecken Sie nicht zu sehr! – dogmatischen Inhalts geschrieben», hieß es am Schluß. «Jetzt lebe ich in einem nach Umständen friedlichen und auch noch etwas geschäftigen Ruhestand. Liebliche Frauengestalten, auch einen guten Tropfen und eine dauernd in Brand befindliche Pfeife weiß ich immerhin noch bis auf diesen Tag zu schätzen ... Dies alles nur zur Orientierung, mit wem Sie es zu tun haben und dem es ein Vergnügen ist, an Sie zu denken.»

Beigefügt waren dem Brief zwei Broschüren, Bericht und Gedanken von seiner letzten Romreise, «Ad limina Apostolorum», die andere eine Zusammenfassung seiner vier Mozartreden. Die letztere war mir schon bekannt. Die erste, mit einem Brief über Mariologie als Anhang, lieferte bald Gesprächs-, auch Zündstoff zwischen uns. Denn das Schönste, für mich, bei diesen reichhaltigen Diskussionen in schriftlicher und mündlicher Form bestand darin, daß es – bei grundlegender, tiefer Übereinstimmung – immer etwas gab, worüber wir nicht einig waren. Dann konnte er den Gesprächspartner anfunkeln, mit einem schwarzen Feuerblick wie aus glimmenden Kohlen, halb streng, halb belustigt, und gleichzeitig voll Sympathie und Freude an der freimütigen Aussprache.

Nach dem ersten Briefwechsel, der im Juni 1967 stattgefunden hatte, kam es bald, im Juli, zur ersten Begegnung, und zwar, auf seinen ausdrücklichen Wunsch, hier oben in meinem Haus in Saas-Fee. Er war damals, wie er ahnungsvoll bemerkte: «vielleicht zum letzten Mal», selbst in den Walliser Bergen, im Sommerhaus seines Sohnes Markus im Val d'Hérens. Als der Jüngere – er war 81, ich erst 70 – bot ich ihm natürlich an, ihn dort aufzusuchen. Aber er wollte nicht, er bestand darauf, mich – wie er schrieb – «in meiner eigenen Haut» kennenzulernen. «Nur zu Hause ist man ganz unverstellt.» Er war unverstellt, wo immer er sich befand. Auch die Tatsache, daß man hier nicht mit dem Auto vorfahren kann, daß man von der «Station» und dem Parkplatz in Saas-Fee noch 15 bis 20 Minuten bergauf zu unserer Behausung gehen muß, schreckte ihn nicht ab. Immerhin brachte ich einen Electro-Car auf, sonst nur für Materialtransporte benutzt, mit dem er die größere Strecke dieses Wegs fahren konnte. Aber den Rückweg machte er, nach vielen Gesprächsstunden und manchem «guten Tropfen», zu Fuß, nur auf den Arm seiner Frau gestützt und jede andere Stütze energisch ablehnend.

Es war ein herrlicher Tag. Die Gletscher und Schneegipfel strahlten ihm entgegen. Aber ihm kam es, vor allem, auf die Menschen an. Schon beim Apéritif, auf unserer schattigen Terrasse, nahm er mich ins Gebet und stellte die Gretchenfrage. «Wie ist das nun bei Ihnen mit der Religion? Ich meine, mit dem Katholizismus? Ist das romantische Erinnerung – oder denken Sie sich etwas dabei?» Meinerseits zunächst Verlegenheit. Eine komplizierte Frage, und wir sitzen da mit Familie, vier Barths, vier Zuckmayers. Er, dies auf der Stelle verspürend, lenkte sofort ein: «Das besprechen wir später, unter vier Augen», und er schaute gebieterisch meine Frau an: «Nach Tisch müßt Ihr uns zwei alte Männer allein lassen.» Selten bin ich, wie bei diesem nachfolgenden Gespräch, einem jüngeren Geist begegnet. Und er schenkte mir dabei, nach langen, ausführlichen Dialogen, eine völlig unverhoffte Überraschung: persönliches Vertrauen – einem Menschen gegenüber, den er zum ersten Mal sah.

Dieses Zwiegespräch dauerte zweieinhalb Stunden, und ich hatte dabei den merkwürdigen Eindruck, daß ich, in meinem Verhalten, der Ältere sei – auf ungewohntem Gelände eher behutsam, nachdenklich, tastend –, er ganz in seinem Element, inspiriert, stürmisch, draufgängerisch. Natürlich kam die Rede auch auf Literatur, die Künste, Musik vor allem. Hier entwickelte er eine gewisse Unduldsamkeit, fast Einseitigkeit. Mozart, über den kaum ein Anderer, selbst nicht

Annette Kolb, Schöneres geschrieben hat als er, war für ihn absoluter Gipfel erreichbarer Seligkeit, alles andere nur Anstieg zu ihm oder Abstieg. Er hat ja öfters gesagt, auch geschrieben, daß er glaube, die Engel, wenn sie Freizeit vom Alleluja hätten und zu ihrem Vergnügen musizierten, würden nur Mozart singen (den er auch dem Papst, humoristisch, zur Seligsprechung empfahl). Ich wagte vorzuschlagen, sie könnten zur Abwechslung auch einmal Schubert nehmen. Aber das paßte ihm nicht, der war ihm bereits zu romantisch, und Romantik war ihm suspekt, auch in der Philosophie. Am schlechtesten kam Beethoven weg – dieser «verzweifelte Jubel» (in einer späteren Schrift nannte er es das «unerlöste Freudengeschrei») im letzten Satz der Neunten Symphonie ... Auch die Missa Solemnis schien ihm nicht aus einem befreiten Herzen zu kommen, sondern aus einem geplagten Hirn. Mit dem Schlußchor der Neunten geht es mir ebenso, aber ich wies auf den ‹anderen Beethoven› hin, die letzten Klaviersonaten wie opus 111, die späte Kammermusik, wie das wunderbare Streichquartett opus 135, mit seinem dritten Satz, dem «Lento assai» ... «Ja, ich weiß», sagte er ungeduldig. «Man nennt das metaphysische Musik. Aber das ist es ja gerade! Bei Beethoven muß immer alles etwas bedeuten. Wenn die Leute ein Beethoven-Thema singen, kriegen sie feierliche Gesichter. Übrigens», sagte er plötzlich mit jenem seltsamen Lachgefunkel in den Augen, «bin ich ja gar nicht musikalisch!» – und brach damit, nach einigen Variationen, dieses Thema ab. Es war ein bewegter, bewegender Nachmittag. Mittsommer, die Luft strich voll Heugeruch durchs offene

Fenster. In der letzten halben Stunde dieses Gesprächs legte er öfters seine Hand auf die meine und sagte leise, was für keinen anderen Menschen bestimmt war – ich antwortete, so gut ich konnte, und dieser Abschluß eines in allem Ernst stets heiteren Antiphons hätte, auch wenn wir beide noch viel jünger gewesen wären, eine nicht mehr abklingende Zwiesprache begründet.

Nach diesem Besuch, bis zu dem meinen in Basel im nächsten Jahr und darüber hinaus, folgte ein lebhafter Briefwechsel, der immer vertrauter wurde und nicht immer ohne Haken und Widerhaken war. Aus der Anrede «Lieber verehrter –» oder «Lieber Herr –» wurde bald, von ihm aus, die einfache: «Lieber Freund». Aber schon in seinem ersten Brief nach diesem Julitag, datiert vom 15. August 1967, brachte er mich zum Erschrecken. Er hatte inzwischen fast alles, was gedruckt von mir vorlag, gelesen, und er entschied sich für den «Band mit den Erzählungen» als das, was ihm «den tiefsten Eindruck gemacht» habe (sehr zu meiner Freude, denn ich halte sie für besser als meine bekannteren Stücke). Dann aber kam's. Das ihn Bewegende, schrieb er, der Vorzug dieser Arbeiten gegen Produkte anderer Zeitgenossen, die er benannte – liege «in der nirgends versagenden Barmherzigkeit, in der die menschliche Dunkelheit, Verkehrtheit und Misere zu sehen Ihnen auf der ganzen Linie gegeben ist. Mephistopheles ist abwesend ... Und mit das Beste ist, daß Sie es offenbar kaum selbst bemerken, wie sehr Sie in Ihrer, wie man sagt, rein ‹weltlichen› Schriftstellerei faktisch ein priesterliches Amt ausgeübt haben und noch ausüben, in einem Ausmaß, wie das unter den berufsmäßigen Priestern, Predigern, Theologen usw. katholischer oder evangelischer Konfession wohl nur von wenigen gesagt werden kann ...» Mich drückte das zu Boden, mehr als es ein fachmännischer ‹Verriß› je hatte tun können. Ich fühlte mich von einem Anspruch, einem Postulat betroffen, wie man es *bewußt* kaum erfüllen kann. Glücklicherweise vergißt sich so etwas wieder, wenn man an der Arbeit ist. Auch die «Abwesenheit des Mephistopheles» beunruhigte mich zunächst: genau das wurde mir von Kritikern, von Freunden, manchmal auch von mir selbst als Manko vorgeworfen. Damals übten diese Sätze, diese Heimsuchung, eine Lähmung auf mich aus, welche dann, durch die strömende Güte und erfrischende Mitteilsamkeit seiner Briefe, ins Gegenteil verwandelt wurde. «Ich grüße Sie», hieß es am Schluß dieses Schreibens, «als einen spät, aber um so dankbarer entdeckten Freund oder etwas jüngeren Bruder.»

Natürlich hatte ich nun auch versucht, mich mit seinem theologischen Werk vertrauter zu machen, soweit es dem «Laien» (er konnte dieses Wort nicht leiden) zugänglich ist. Er schickte mir Band II, 2 seiner Dogmatik, da wir im Gespräch das problematische Thema der Prädestination berührt hatten. Dies, auch Gestalt und Wirkung Calvins, gab Stoff zu mancherlei Dialogen, auch Kontroversen. Er schickte mir die großartigen, mutigen Predigten, die er in einer Basler Strafanstalt gehalten hatte («Den Gefangenen Freiheit!») und in denen er, wie er schrieb, versuchte, solche Probleme auf einfachere Weise an den «in diesem Fall gar nicht so einfachen Mann zu bringen».

Sein Wissensdurst, von einem Quell tiefen, gründlichen Wissens gespeist, war unerschöpflich und nährte den meinen. Immer wieder griff er neue Gegenstände, historischen, literarischen, philosophischen Charakters auf, um, wie er es nannte, «alte Lücken auszufüllen» und sie im Briefwechsel «einigermaßen zu schließen». So kam er plötzlich auf Wilhelm Raabe und gleichzeitig auf Jean Paul Sartre («Les Mots»). «Beide gehen mir sehr *nahe,* aber eben irgendwie *unheimlich* nahe», hieß es mit diesen Unterstreichungen in einem Brief. – «Ist Raabe nicht in der ganzen urdeutschen Liebenswürdigkeit seiner Schilderungen der raffinierteste Vertreter des heimlichen Nihilismus des neunzehnten – Sartre in seiner eiskalten Schärfe der krude Vertreter des offenen Nihilismus des gegenwärtigen Jahrhunderts?» Solche und andere Fragen waren von ihm wirklich als Fragen, nicht als Feststellungen gemeint, er vertrug Widerspruch, forderte ihn manchmal heraus, quittierte ihn mit Humor, und wie wunderbar, wie belebend wirkt ein solches Spiel, Gedankenspiel, Frage- und Antwort-Spiel, manchmal an das des Nicolaus Cusanus erinnernd, auf die geistige Vitalität eines immerhin auch schon im Altern begriffenen, aber niemals ‹mit sich selbst fertigen› Menschen! Da wurde Schleiermacher zur Diskussion gestellt, von dem ich bis dahin – außer eben seiner Beziehung zu den Romantikern, den Briefen über Lucinde, den «Reden über die Religion» – wenig gewußt hatte und erst durch ihn – auch durch sein zusammenfassendes Nachwort zu einem neuen Auswahlband – Genaueres erfuhr. «Vorläufig behandle ich den Mann», schrieb er über sein gerade begonnenes kritisches Seminar, «mit Lust – in altem Liebeshaß und noch älterer Haßliebe». Jedesmal hatte er, in seinem «geschäftigen Ruhestand», von neuen Plänen, Vorhaben, Auseinandersetzungen zu berichten: ob er es noch schaffen werde, eine ihm angebotene Vorlesungsreihe in Amerika, Harvard University, zu übernehmen? Oder: er beginne gerade wieder ein Seminar, mit und gegen Calvin – «die Sache nötigt mich zu heilsam viel Arbeit, macht mir aber Vergnügen, weil ich gerne mit jungen Menschen (etwa 60) umgehe und rede ...» – «Kennen Sie die hübsche Anekdote von Pablo Casals?» hieß es im selben Brief – «der Mann ist 90 Jahre alt, also erheblich älter als wir beide, und übt immer noch täglich 4–5 Stunden. Gefragt: Wozu? Antwort: Weil ich den Eindruck habe, ich mache Fortschritte!»

Alles, was das gegenwärtige Leben, das Weltgeschehen, auch die Tagespolitik betraf, beschäftigte ihn, erregte seine Kritik und sein waches Interesse: so die damalige Koalitionsregierung in Bonn, die er scharf aufs Korn nahm, «ganz abgesehen davon, daß mir eine angeblich ‹christliche› Partei, und dann als solche auch noch eine herrschende, prinzipiell ein Greuel ist!» Oder das «Getöse der eidgenössischen Wahlen» im Herbst 1967: «Herrlich der mir genau gleichaltrige Walliser Sozialist Dellberg, der, von seinen eigenen Leuten nicht mehr portiert, selbständig kandidierte und dann glänzend wiedergewählt wurde!» Dann wieder erzählte er «von einem reichlich unreifen Theologiebeflissenen aus Kanada, der mich heute morgen u.a. fragte, was die Vernunft für meine Theologie bedeute? Antwort: Ich brauche sie!»

Nie hat mich ein lebender Mensch, vielleicht mit Ausnahme von Albert Einstein, so sehr davon überzeugt, und zwar durch sein pures Dasein, daß Gottesglaube vernünftig sei.

Es kam zu dem Besuch in seinem Heim, im Bruderholz zu Basel, den er lange gewünscht hatte. Für mich war es der Höhepunkt in dieser späten Freundschaft, und ich hatte kein Gefühl von einem Abschied, kein Vorgefühl. Ich sah sein «Pfarrhausgärtchen», das er sehr liebte, in der Maiblüte. Wir saßen, am Nachmittag er und ich allein, am Abend und bis tief in die Nacht mit einigen seiner nächsten Freunde, von Pfeifenrauch umschwebt in seinem anheimelnden Studierzimmer, zwischen dessen von Büchergestellen verkleideten Wänden er wirkte wie Hieronymus im Gehäuse. Aber besonders stolz war er auf seinen «modernen Schreibtisch». Die Freunde waren viel jünger – sein letzter Assistent Eberhard Busch, mit seiner reizenden Frau, die ich, sehr zu seiner Erheiterung, als «Augentrost» bezeichnete, und sein trefflicher Arzt Dr. Briellmann, der großzügig Rotweinflaschen aufzog: er wußte, daß ihm dies nicht schadete, sondern ihn nur belebte und unser Zusammensein beschwingte. Er war gebrechlich, seit ich ihn kannte, seine Gesundheit durch schwere Operationen geschwächt, aber er nahm, soweit wie irgend möglich, keine Notiz davon. Sein geistiges Feuer und seine heitere Sympathie für alles tätige, rüstige Leben waren mächtiger als Krankheit und Alterslast. «Bruder Leib», wie er ihn scherzhaft nannte, machte ihm in seinem letzten Lebensjahr, dem 83., noch schwer zu schaffen. Aber sofort nach einer Spitalszeit mit langwieriger Operation, künstlicher Ernährung, Durst – «Ich weiß erst jetzt, was Durst ist», schrieb er mir dann – war er von neuer Energie, von Arbeitsplänen, auch von lebhafter Teilnahme an den meinen erfüllt. Daß ihm die Deutsche Akademie für Sprache und Dichtung den Sigmund Freud-Preis für wissenschaftliche Prosa verlieh, belustigte ihn eher, aber ich hatte den Eindruck, es machte ihm, dem an öffentlichen Ehrungen wenig gelegen war, doch Freude. Er starb am 10. Dezember 1968, nach einem Tag voller Lektüre und Gespräche, wie ich nach Berichten glauben darf, eines milden Todes.

In seinem letzten Rundbrief «Dank und Gruß» nach seinem 82. Geburtstag hat er mich, unsere «merkwürdige Freundschaft» und unsere «muntere Korrespondenz», guter Worte gewürdigt. Ich aber hatte noch einmal gefunden, was ein Mensch am nötigsten braucht, um sich selbst zu verstehen: eine Vatergestalt.

Carl Zuckmayer

1 Barth schickte Zuckmayer seine beiden Bücher: *Ad Limina Apostolorum,* Zürich 1967, und *Wolfgang Amadeus Mozart 1756/1956,* Zollikon 1956. Das erstgenannte Buch enthält einen Bericht über Barths Reise nach Rom (1966) und Äußerungen zur katholischen Theologie.

2 So Barth in seinem «Brief in Sachen Mariologie» in *Ad Limina Apostolorum,* a.a.O., S. 63.

3 Davon berichtet Barth a.a.O., S. 13.

4 Dieser Text steht auf einer Karte mit einer Ansicht von Zuckmayers Haus (wiedergegeben in diesem Band) – offenbar eine Nachschrift zu dem Brief vom 10. Juli.

5 K. Barth, *Die Kirchliche Dogmatik* II/2, Zollikon 1942.

6 K. Barth, *Den Gefangenen Befreiung. Predigten aus den Jahren 1954–59,* Zollikon 1959.

7 Vgl. Lukas 5,10.

8 Aus Gottfried Kellers «Abendlied», letzte Strophe:

Doch noch wandl' ich auf dem Abendfeld,
Nur dem sinkenden Gestirn gesellt.
Trinkt, o Augen, was die Wimper hält,
Von dem gold'nen Überfluß der Welt.

9 Goethe in seinem letzten Gespräch mit Eckermann, 11. März 1832.

10 K. Barth, *Die Kirchliche Dogmatik* III/1–4, Zollikon 1945–1951.

11 Ernst Ginsberg, *Abschied. Erinnerungen, Theateraufsätze, Gedichte,* hrsg. von E. Brock-Sulzer, Zürich 1965. Dort berichtet Ginsberg auf S. 148: «Kurz bevor Brecht Zürich verließ, spielten wir am Zürcher Schauspielhaus ein historisches Stück von Carl Zuckmayer: ‹Der Schelm von Bergen›, keines seiner besten Stücke. Brecht, der auf der Generalprobe war, kam danach auf die Bühne geschlendert, die Hände in den Taschen, mit einem halb lustigen, halb verlegenen Gesicht. Was würde er Zuckmayer sagen? Zuckmayer ging Brecht auch sofort mit der heiklen Frage an: ‹Na, Bert, wie gefällt es Dir?› Brechts Augen irrten über die Bühne und fanden eine zum Stück gehörende Ritterausrüstung. Er eilte darauf zu, setzte sich den Helm auf, ließ das Visier herunter, und so hörte man ihn hinter

dem Blech scharf und akzentuiert sagen: ‹Mir als altem Ritter gefällt es vorzüglich!› Womit wirklich alles gesagt war.»

12 K. Barth, *Jesuiten und Klöster. Die umstrittenen Verbote in der Schweizerischen Bundesverfassung,* in: National-Zeitung (Basel) vom 7./8. Oktober 1967.

13 *Pater Filuzius:* eine Satire auf den katholischen Klerus, speziell auf die Jesuiten, von Wilhelm Busch (1872).

14 Zuckmayers Heidelberger Rede vom 23. November 1967, *Scholar zwischen gestern und morgen,* erschien in: Neue Rundschau, 1968, S. 1–15.

15 Barths Brief vom 3. Oktober 1967 an Papst Paul VI. ist abgedruckt in: K. Barth, *Briefe 1961–1968,* Zürich 1975, S. 432 f.

16 Alice Herdan-Zuckmayer, *Die Farm in den grünen Bergen* (Fischer Bücherei Band 142), Hamburg 1949.

17 Barths Brief vom 16. März 1968 an Papst Paul VI. ist abgedruckt in: K. Barth, *Briefe 1961–1968,* a.a.O., S. 462–464.

18 Anspielung auf den Anfang von Adelbert von Chamissos Gedicht «Der Soldat»: «Es geht bei gedämpfter Trommel Klang ...»

19 Am 28. Februar 1968 hielt Barth bei einer Konferenz römisch-katholischer, christkatholischer und reformierter Kirchenvertreter und Theologen der Schweiz in der Heimstätte Leuenberg (Baselland) einen Vortrag über «Kirche in Erneuerung». Vgl. Zuckmayers Brief vom 10. April 1968.

20 Alice Herdan-Zuckmayer, *Die Farm in den grünen Bergen.*

21 «So Gott will und wir leben»: Jakobus 4,15.

22 Bruderholz: die Stadtgegend im südlichen Teil von Basel, wo Barth wohnte.

23 Adolf Hitler.

24 Basler Freunde von Zuckmayers, die ein Ferienhaus in Saas-Almagell besitzen.

25 Zuckmayers Drama *Der Rattenfänger. Eine Fabel* wurde 1974 vollendet und 1975 in Zürich uraufgeführt. Es erschien 1975 als Fischer Taschenbuch Nr. 7023.

26 Barth hatte Zuckmayer seinen Vortrag «Kirche in Erneuerung» in einem – *Erneuerung der Kirche* überschriebenen – Sonderdruck aus der «Schweizer Rundschau» Nr. 3, 1968, zugeschickt. Die zitierten Paulus-Worte sind 1. Korinther 6,12 und Römer 12,2.

27 Barth übersetzt die drei Begriffe aus Römer 12,2: «das Gute», «das zum Ziel Führende», «das Passende, das Wohlgefällige».

28 In dem genannten Vortrag hatte Barth gesagt: «Ich habe keine Chance, Papst zu werden, aber wenn ich Papst wäre, würde ich diesen Mann Mozart, der ja auch ein guter Katholik war, zwar nicht heilig, aber doch eben – selig sprechen.»

29 «Die Gefangenschaften der Zeitgeister und der Moden»; «heitere Zuversicht»: Zitate aus Barths Vortrag.

30 Max Born, *Gedanken und Erinnerungen eines Physikers,* in: Universitas, Jg. 23 (1968), S. 249–276.

31 Barth hatte in seinem Vortrag Kritik an Pierre Teilhard de Chardin geübt: «Kirche in Erneuerung, das wandernde Volk Gottes ist das in dieser Wanderschaft je und je *vorläufig* erneuerte, also fort und fort wieder zu erneuernde Volk. Das Letzte wird sein: auf einer neuen Erde unter einem neuen Himmel die schlechthin neue Kirche. Dieses Eschaton wird erst recht ganz allein Gottes neues Werk sein. Er ist das Alpha und das Omega. Bitte also lieber nicht mit Teilhard de Chardin von einem ‹Punkt Omega› reden, der dann irgendwo zuhöchst und zuletzt aber doch innerhalb der Geschichte der Welt und der Kirche zu finden wäre.»

32 Zwei Jugendwerke von Friedrich Schleiermacher: *Vertraute Briefe über Friedrich Schlegels Lucinde,* 1800; *Über die Religion. Reden an die Gebildeten unter ihren Verächtern,* 1799.

33 Ebenfalls in dem Vortrag «Kirche in Erneuerung».

34 Zuckmayers Gedicht, im folgenden abgedruckt, ist zuerst erschienen in: P. Härtling (Hrsg.), *Die Väter. Berichte und Geschichten,* Frankfurt a. M. 1968, S. 40.

35 Im folgenden abgedruckt. Barth schickte Zuckmayer die «Lebensregeln» in der Veröffentlichung des «Evangelischen Digest», Jg. 10 Nr. 5 (Mai 1968), S. 23. Die beiden weiteren Beiträge in dem Heft, auf die Barth aufmerksam macht, sind: W. Hammer, *Die Kirche stirbt nicht,* und O. Gulbransson, *Gedanken zum Kirchenbau.*

36 Drei Aufsätze in dem Sammelband *Die Theologie und die Kirche,* München 1928, sowie *Die protestantische Theologie im 19. Jahrhundert. Ihre Vorgeschichte und ihre Geschichte,* Zollikon-Zürich 1947, §11 (S. 379–424).

37 Yigael Yadin, *Masada. Der letzte Kampf um die Festung des Herodes,* Hamburg 1967.

38 In dem Brief an Prof. Max Geiger lehnt Zuckmayer die Einladung ab, vor Basler Theologiestudenten zu sprechen. Die Begründung der Ablehnung entspricht dem, was er darüber an Barth schreibt.

39 Barths Worte über Zuckmayer sind im Vorwort der vorliegenden Sammlung zitiert. Der Rundbrief an die Gratulanten ist abgedruckt in: K. Barth, *Briefe 1961–1968,* a. a. O., S. 475–480. Die Wendung «Kirchenvater vom Bruderholz», von einem katholischen Pfarrer gebraucht, zitiert Barth in diesem Brief.

40 Aus Barths Rundbrief: «Und da haben wir unseren kleinen, aber netten und stillen Garten (unser ‹Gertli›, wie meine Frau in ihrem unverbesserlichen St. Gallerisch sagt), der freilich des richtig kommenden Frühlings und Sommers erst wartet.»

41 Barth berichtet in seinem Rundbrief, noch könne er sich «jeden Morgen im Sommer wie im Winter intensiv mit kaltem Wasser begießen».

42 Psalm 27,13; 116,9; Jesaja 38,11; 53,8 u. ö.

43 Die Erzählung «Der Seelenbräu» (1945) erschien in: C. Zuckmayer, *Meistererzählungen,* Frankfurt a. M. 1967, S. 119–189.

44 Der «Kreisauer Kreis», geleitet von Helmuth James Graf von Moltke, war beteiligt an der Verschwörung, die zu dem Attentat auf Adolf Hitler am 20. Juli 1944 führte.

45 Eine Fragenbeantwortung von Karl Barth, veröffentlicht unter dem Titel *Am Runden Tisch. Evangelischer Professor und katholische Vikare zur Sache der Verkündigung,* in: Orientierung. Katholische Blätter für weltanschauliche Information, Jg. 32 Nr. 11 (Zürich, 15. Juni 1968), S. 134f.

46 *Schleiermacher-Auswahl. Mit einem Nachwort von Karl Barth,* Siebenstern-Taschenbuch Nr. 113/114, München/Hamburg 1968.

47 Zuckmayers Erzählung «Die Fastnachtsbeichte» (1959), in: *Meistererzählungen,* a. a. O., S. 355–476.

48 Der genannte Dankbrief Barths an die Gratulanten zu seinem 82. Geburtstag.

49 21./22. August 1968.

50 Die Enzyklika «Humanae vitae» Papst Pauls VI. vom 25. Juli 1968.

51 Barths Brief vom 28. September 1968 an Papst Paul VI. ist abgedruckt in: K. Barth, *Briefe 1961–1968,* a.a.O., S. 499–502.
52 Mirjams Siegeslied: 2. Mose 15,20f.
53 Johann Albrecht Bengel, 1687–1752.
54 «Deus providebit»: 1. Mose 22,8.
55 E. Busch hatte Zuckmayer brieflich über Barths letzte Lebenstage und die Umstände seines Todes (10. Dezember 1968) berichtet.
56 E. Buschs Ansprache bei der Bestattung von Karl Barth auf dem Basler Friedhof am Hörnli ist veröffentlicht in: *Karl Barth 1886–1968. Gedenkfeier im Basler Münster,* Zürich 1969, S. 13 bis 19. – Die zweite Beilage von E. Buschs Brief: Karl Barth, *Letzte Zeugnisse,* Zürich 1969 (mit einem Nachwort von E. Busch).
57 E. Busch, *Humane Theologie. Texte und Erläuterungen zur Theologie des alten Karl Barth,* Zürich 1967.
58 Gerhart Hauptmann, *Michael Kramer* (1900), Ende des 4. Akts.
59 Barths Fragment gebliebener Vortrag «Aufbrechen – Umkehren – Bekennen», an dessen Niederschrift er noch am Abend vor seinem Tode arbeitete, ist erschienen in: *Letzte Zeugnisse,* a.a.O., S. 61–71.